Byd Llongau

Philip Wilkinson

Addasiad Elin Meek

Gomer

Cyhoeddwyd gyntaf ym Mhrydain yn 2005 gan
Kingfisher Publications Plc., New Pendrel House,
283-288 High Holborn, Llundain WC1V 7H2.
www.kingfisherpub.com

Cyhoeddwyd gyda chymorth
Cynulliad Cenedlaethol Cymru.

CYNNWYS

ISBN 1 84323 631 1

ISBN-13 9781843236313

Cyhoeddwyd yn 2006 gan Wasg Gomer,
Llandysul, Ceredigion, SA44 4JL
ar gyfer ACCAC.

www.gomer.co.uk

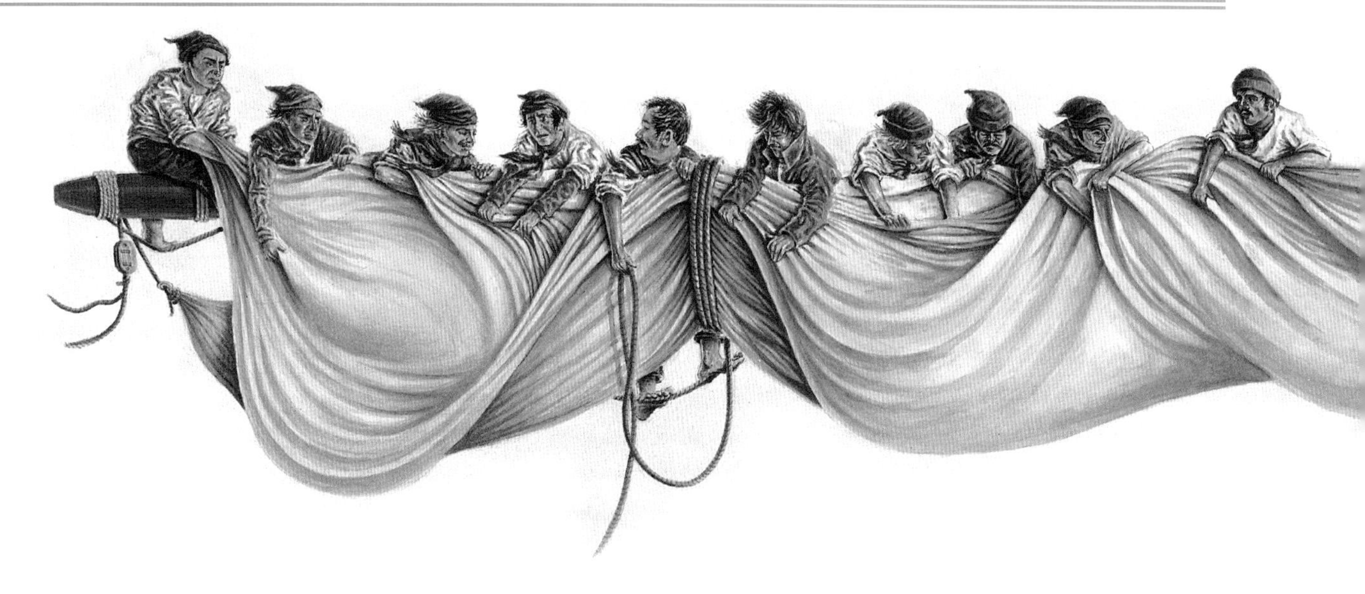

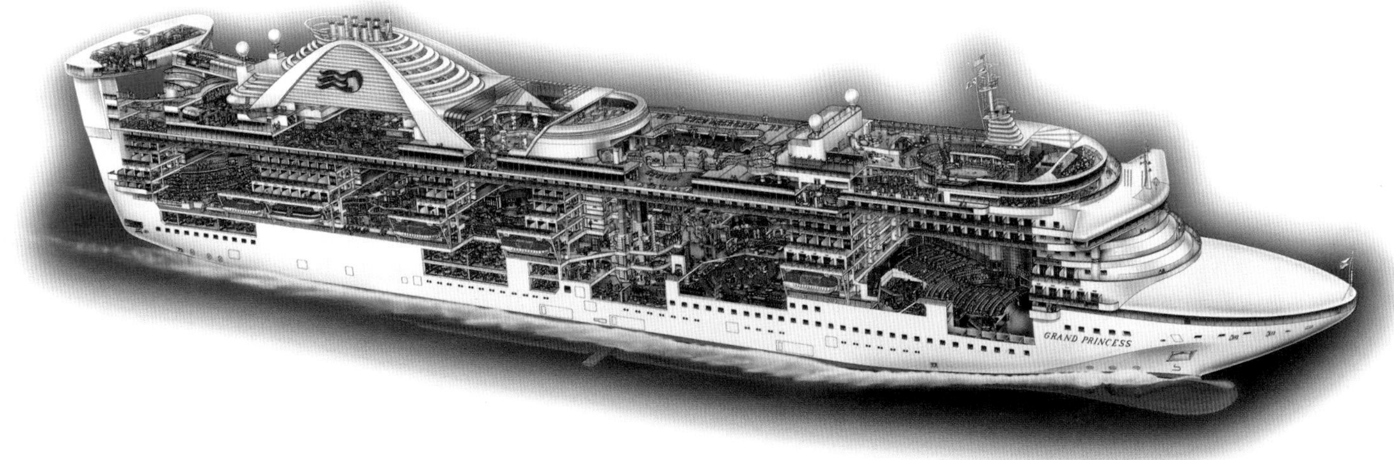
GRAND PRINCESS

CYFLWYNO LLONGAU

Mae pobl wedi bod yn hwylio'r moroedd ers dechrau hanes. Cafodd pob math o longau eu hadeiladu i fasnachu, mynd i ryfel ac i groesi moroedd anghyfarwydd i diroedd newydd. Mae llongau'n gallu cael eu gyrru gan rwyfau neu hwyliau, injans stêm neu ddisel. Gallan nhw gael eu hadeiladu o bren neu ddur cadarn. Mae straeon rhyfeddol i'r llongau hyn i gyd – straeon am ddewrder, dyfeisgarwch a meistroli'r moroedd.

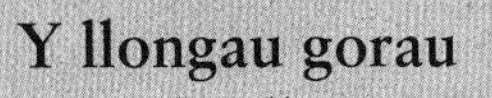

Y llongau gorau

Mae rhai llongau'n llwyddiannus am eu bod nhw'n gyflym, fel clipers y 19eg ganrif. Llwyddodd eraill, fel llongau hir y Llychlynwyr, drwy addasu i amodau anodd. Mae rhai'n denu sylw â'u harddwch ac eraill yn creu argraff â'u maint. Mae'r llongau gorau'n gyflym, yn gryf ac yn gallu hwylio'n dda o dan unrhyw amodau.

Llong deithio enfawr

Dyma'r Normandie, llong 80,000 tunnell o Ffrainc. Roedd yn un o longau teithio cyflymaf ei chyfnod. Roedd ganddi injans trydan-tyrbo pwerus. Yn 1935, llwyddodd i groesi Cefnfor Iwerydd mewn pedwar diwrnod a thair awr. Mae'r tynfadau yn harbwr Efrog Newydd yn edrych yn bitw fach wrth ei hochr.

MASNACHU AC ARLOESI

Mae llongau masnach – o gychod masnachu bychain yr Eifftiaid i longau cynwysyddion enfawr heddiw – wedi hwylio moroedd y byd i gyd. Bron drwy hanes, roedd y masnachwyr hefyd yn arloesi ac yn dod o hyd i diroedd a nwyddau newydd i'w prynu a'u gwerthu.

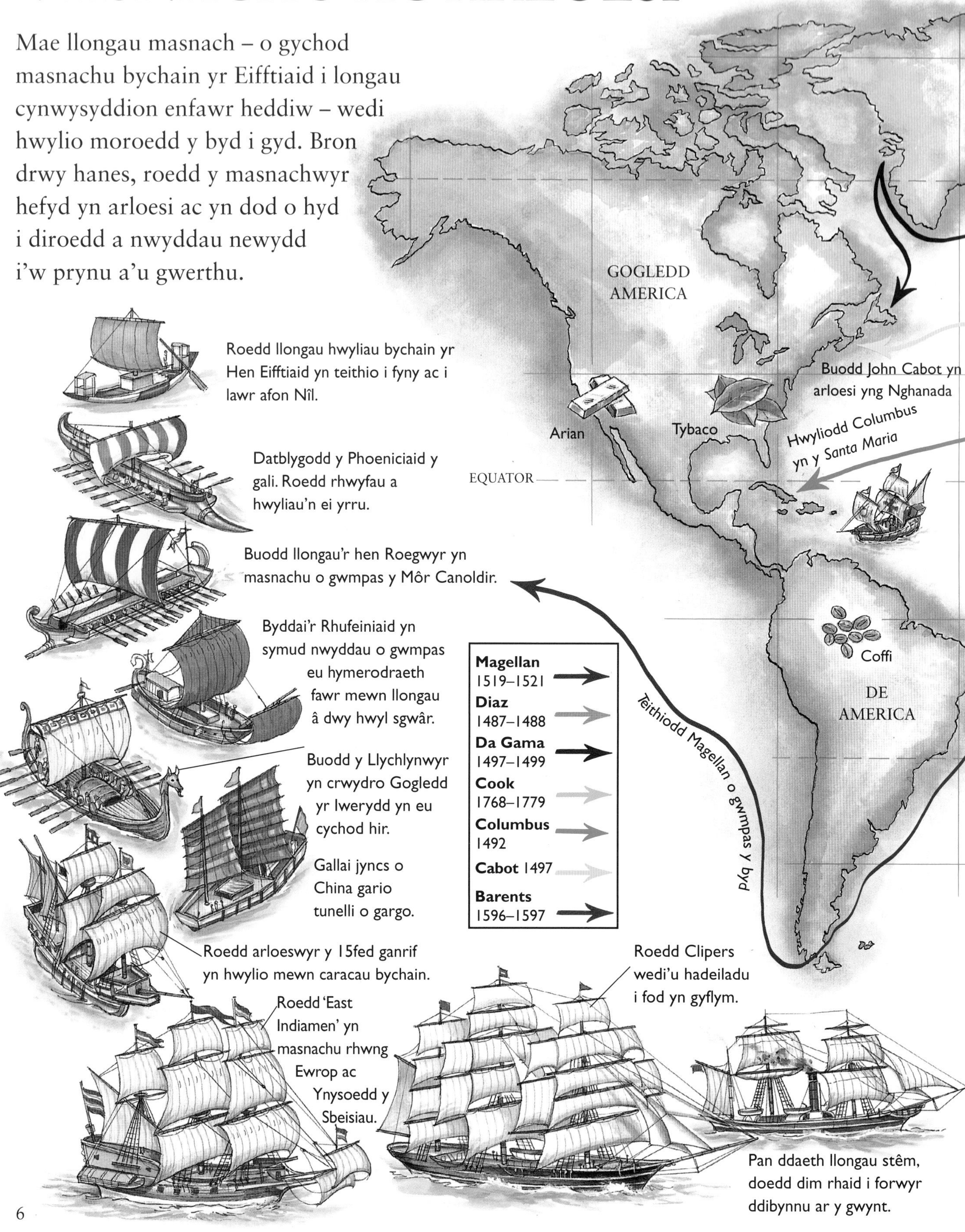

Roedd llongau hwyliau bychain yr Hen Eifftiaid yn teithio i fyny ac i lawr afon Nîl.

Datblygodd y Phoeniciaid y gali. Roedd rhwyfau a hwyliau'n ei yrru.

Buodd llongau'r hen Roegwyr yn masnachu o gwmpas y Môr Canoldir.

Byddai'r Rhufeiniaid yn symud nwyddau o gwmpas eu hymerodraeth fawr mewn llongau â dwy hwyl sgwâr.

Buodd y Llychlynwyr yn crwydro Gogledd yr Iwerydd yn eu cychod hir.

Gallai jyncs o China gario tunelli o gargo.

Roedd arloeswyr y 15fed ganrif yn hwylio mewn caracau bychain.

Roedd 'East Indiamen' yn masnachu rhwng Ewrop ac Ynysoedd y Sbeisiau.

Roedd Clipers wedi'u hadeiladu i fod yn gyflym.

Pan ddaeth llongau stêm, doedd dim rhaid i forwyr ddibynnu ar y gwynt.

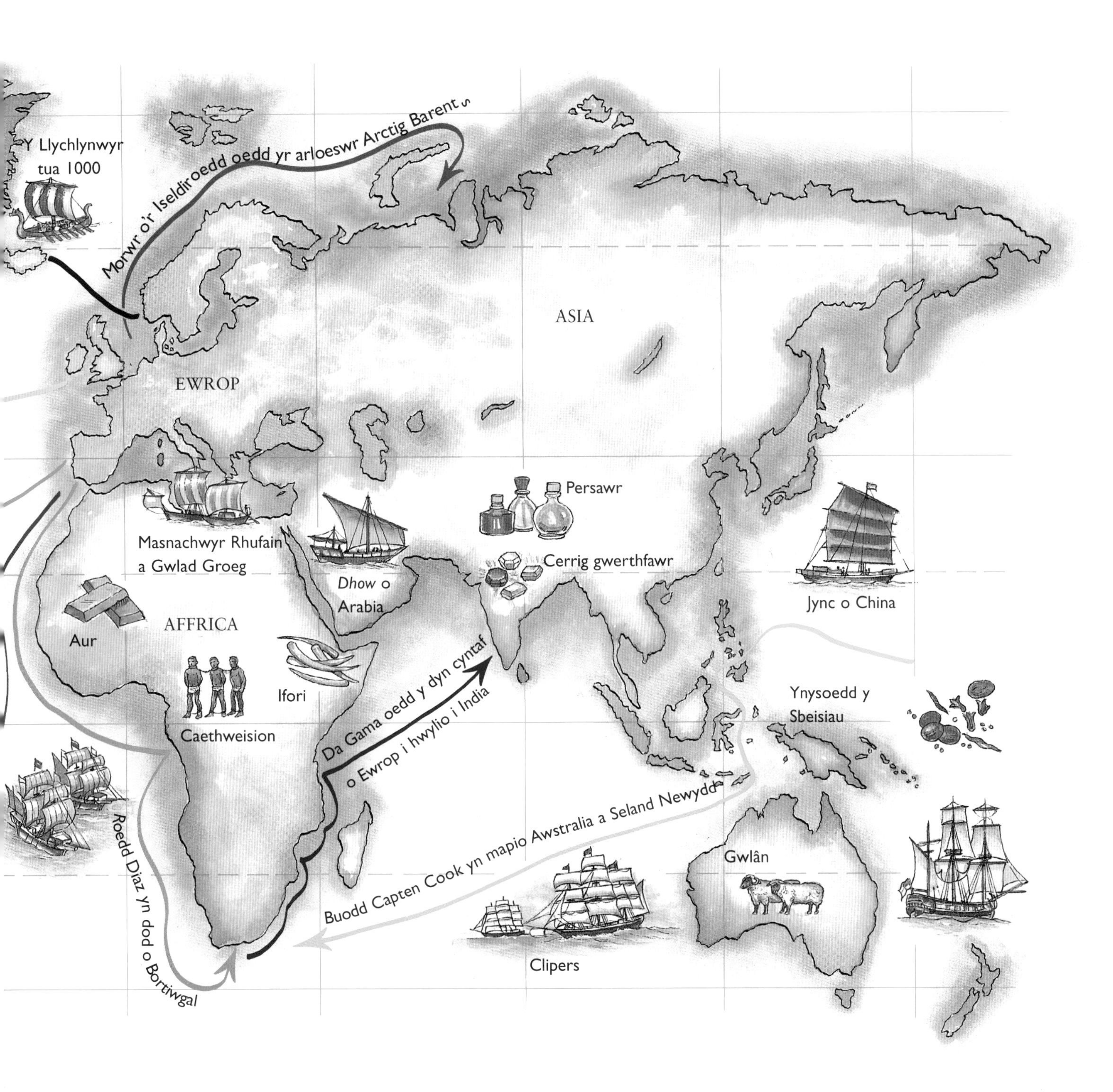

Llongau cynwysyddion modern yw rhai o'r llongau mwyaf erioed.

Y Llychlynwyr yn masnachu

Roedd llongau cryf gan y Llychlynwyr i fasnachu. Roedden nhw wedi'u gwneud o blanciau'n gorgyffwrdd, wedi'u hoelio â hoelion haearn ac wedi'u cryfhau â thrawstiau. Roedden nhw'n llongau llydan, a digon o le i dunelli o gargo. Byddai'r cargo'n cael ei roi yng nghanol y llong, a chrwyn anifeiliaid drosto rhag ofn iddo wlychu. Byddai'r criw yn sefyll ar y deciau bychan ym mhen blaen ac yng nghefn y llong i weithio'r hwyl a symud y llyw.

Cwmpawd haul

Roedd y Llychlynwyr yn defnyddio'r deial pren hwn i ddod o hyd i'r ffordd. Bydden nhw'n gosod un o'r rhiciau i wynebu pwynt ar y gorwel yn union o dan yr haul ganol dydd. Felly roedden nhw'n gwybod ble roedd y De. Roedd y pwyntydd yn cael ei ddefnyddio i osod llwybr y llong.

Masnachwyr cynnar

Llong o wlad Groeg

Roedd y môr yn hanfodol ar gyfer teithio yn yr hen fyd. Roedd y diwylliannau cynharaf: y Phoeniciaid, y Groegwyr a'r Llychlynwyr, yn byw ar yr arfordir yn bennaf. Bydden nhw'n mynd i'r môr i fasnachu. Bydden nhw'n hwylio o un porthladd i'r llall ac yn cadw'n agos at yr arfordir. Yn ystod misoedd yr haf yn unig y bydden nhw'n mentro i Gefnfor Iwerydd. Doedd eu llongau ddim yn gyflym, gan ddibynnu'n bennaf ar y gwynt i'w gyrru. Ond roedden nhw'n gadarn a chryf wrth hwylio moroedd peryglus y gogledd.

Y Phoeniciaid
Byddai'r Phoeniciaid yn gwneud llongau bach cadarn o goed cedrwydd eu cartref yn Libanus a Syria. Roedden nhw'n masnachu yn y Môr Canoldir a'r Môr Du.

Y Rhufeiniaid
Roedd y Rhufeiniaid yn defnyddio llongau bychain â dwy hwyl i fasnachu. Fel arfer, roedd gan y llongau ffrâm deri, ac roedd estyll pîn neu gypreswydd wedi'u gosod wrthi â phegiau pren.

Y Llychlynwyr
Teithiodd y Llychlynwyr dros Ewrop gyfan o'u cartref yn Sgandinafia. Bydden nhw'n masnachu popeth, o bren ac ifori i ffwr a gwydr.

Llongau'r Dwryain

Roedd ffyrdd gwahanol o fyw gan China a gwledydd Mwslimaidd y Dwyrain Canol. Felly datblygodd mathau gwahanol o longau. Roedd y rhain yn aml yn hardd iawn ac yn addas iawn i hwylio'r moroedd lleol. Roedden nhw'n llawer gwell mewn sawl ffordd na llongau'r Gorllewin. Er enghraifft, roedd adeiladwyr llongau China'n gosod llywiau ar starn eu jynciau mawr tua 1,000 mlynedd cyn adeiladwyr llongau'r Gorllewin.

***Dhows* yr Arabiaid**
Roedd masnachwyr y Dwyrain Canol yn hwylio mewn *dhows* – llongau bychain ag un neu ddau hwylbren. Maen nhw'n dal i gael eu defnyddio heddiw. Oherwydd bod ganddyn nhw hwyliau latîn (triongl), gallant hwylio'n agos i'r gwynt.

Mordwyo
Dyfeisiodd seryddwyr a gwyddonwyr Arabaidd lawer o offer mordwyo. Byddai morwyr yn defnyddio'r astrolab i fesur uchder yr Haul ganol dydd. Felly gallent weithio allan beth oedd y lledred (y pellter o'r cyhydedd).

Jyncs China

Yn y 14eg a'r 15eg ganrif, buodd y Cheineaid yn gwneud sawl alldaith i'r Dwyrain Pell a'r Cefnfor Tawel. Llongau mawr â gwaelod fflat oedd jynciau'r arloeswyr o China. Roedd y starn yn uchel a'r blaen yn sgwâr. Mae llongau tebyg yn hwylio ger glannau China heddiw. Mae corff jync yn gryf iawn gan fod nifer o waliau, neu barwydydd, yn ei groesi. Mae hwyliau jync, sydd fel arfer yn betryal, yn cael eu cynnal gan nifer o estyll bambŵ. Mae jynciau llai'n hwylio ar afonydd China.

Dyfais o China
Y Cheineaid oedd y cyntaf i ddefnyddio'r cwmpawd, tua'r 4edd ganrif CC. Roedd hyn tua 1,500 mlynedd cyn y Gorllewin. Roedd y cwmpawd yn cynnwys nodwydd haearn wedi'i magneteiddio yn arnofio mewn powlen o ddŵr.

Teithiau Zheng He
Ar ddechrau'r 15eg ganrif, aeth y mordwywr Zheng He o China ar sawl taith ar hyd arfordir China. Roedd ganddo nifer fawr o jyncs, llongau llawer mwy na rhai Ewrop ar y pryd. Ond yn y 1430au penderfynodd China beidio teithio ymhellach a daeth yr arloesi i ben.

Hwyliau ac estyll

Mae sawl mantais o gael estyll bambŵ i gynnal hwyliau jync. Maen nhw'n gwneud i'r hwyl fod yn fwy cadarn, mae'n haws ei thynnu i lawr ac maen nhw'n gwneud ysgol ddefnyddiol i forwyr ei dringo.

Teithiau fforio

Yn ystod y 15fed a'r 16eg ganrif, aeth fforwyr o Sbaen a Phortiwgal i chwilio am y ffordd orau o gyrraedd Asia. Roedden nhw eisiau cyrraedd Ynysoedd y Sbeisiau (Indonesia), i ddod 'nôl â'r sbeisiau gwerthfawr oedd yn tyfu yno, fel pupur, nytmeg a chlofau. Roedd nifer o'r arloeswyr yn gweithio i'r Tywysog Harri o Bortiwgal, a gafodd yr enw Harri'r Mordwywr. Roedden nhw'n teithio mewn llongau bychain, ac yn mentro eu bywydau mewn moroedd dieithr er mwyn gwneud eu ffortiwn. Llwyddodd rhai i ddarganfod llefydd fel America ac Affrica, nad oedd Ewropeaid yn gwybod amdanyn nhw'r pryd hwnnw.

Carafelau
Byddai rhai o arloeswyr Portiwgal yn teithio mewn llongau bychain o'r enw carafelau. Roedd criw o ryw 25 dyn gan y llongau ysgafn hyn. Roedden nhw'n ddelfrydol i hwylio'r arfordir. Roedd hwyliau latîn (triongl) ganddyn nhw, felly gallen nhw fanteisio ar wyntoedd croes.

Christopher Columbus
Ganwyd Christopher Columbus yn Genoa, yr Eidal, ond teulu brenhinol Sbaen fuodd yn talu am ei fordeithiau. Aeth ar bedair mordaith i India'r Gorllewin ac agor llwybrau ar draws Cefnfor Iwerydd.

Y cyntaf o gwmpas y byd
Yn 1519, aeth Ferdinand Magellan o Bortiwgal â phum llong a 260 dyn o gwmpas y byd. Yn ystod y daith, bu farw'r rhan fwyaf o'r criw, gan gynnwys Magellan, a chollwyd pedair llong. Ond yn 1522, dychwelodd 18 dyn adref, wedi teithio o gwmpas y byd yn grwn.

Y Byd Newydd

Roedd Columbus yn gobeithio cyrraedd Ynysoedd y Sbeisiau drwy hwylio i'r gorllewin ar draws Cefnfor Iwerydd yn lle dilyn llwybr arloeswyr Portiwgal i'r dwyrain. Ar yr adeg hon, doedd neb yn Ewrop yn gwybod am America. Felly, pan ddaeth Columbus i ynysoedd newydd, roedd e'n meddwl ei fod wedi cyrraedd India'r Dwyrain. Mewn gwirionedd, roedd e wedi cyrraedd y Caribî, a darganfod byd 'newydd'. Yn ddiweddarach bu'n hwylio ar hyd arfordir Canolbarth America, ac yn ymweld â Trinidad a llawer o ynysoedd y Caribî.

Polyn blaen

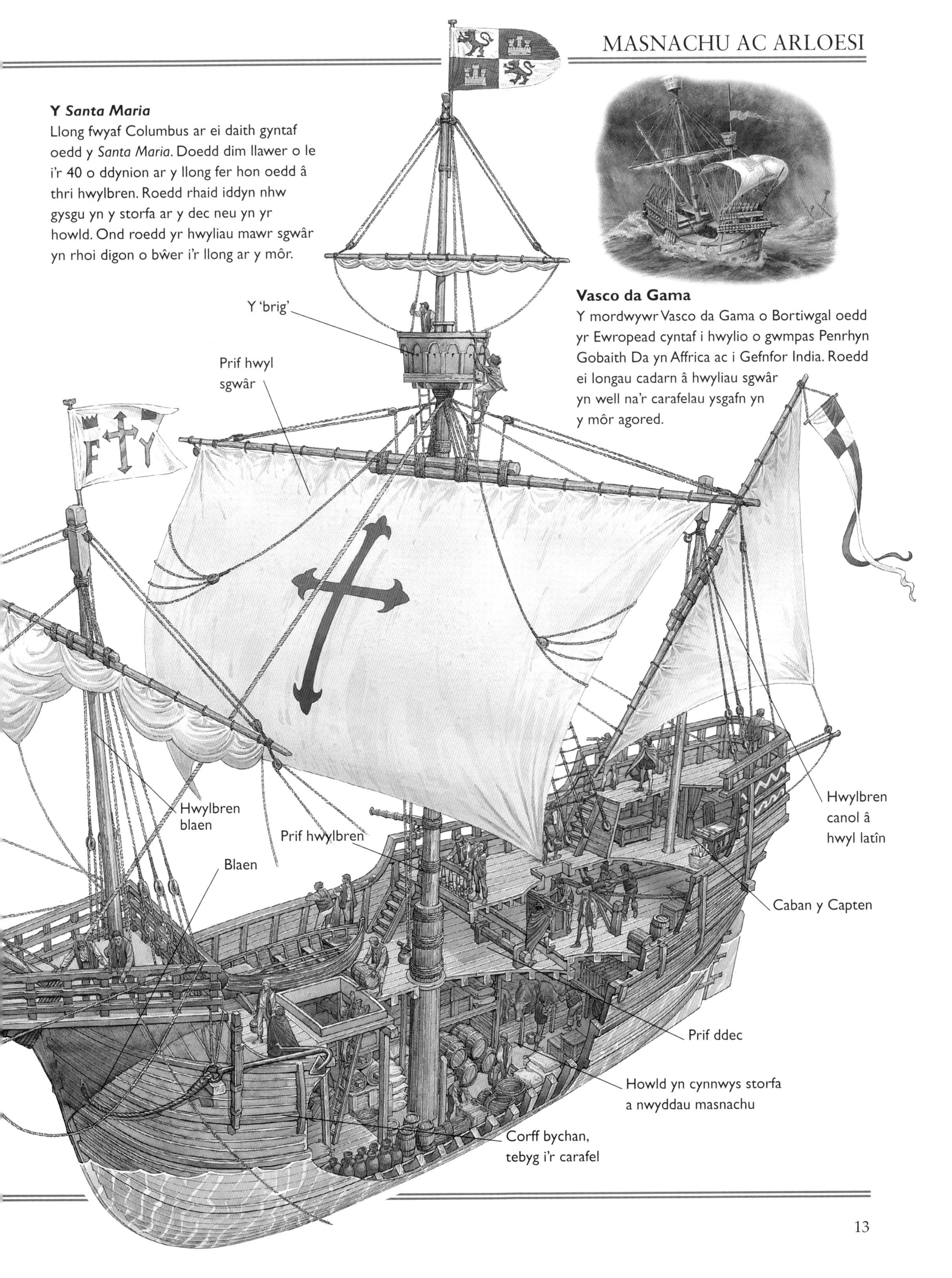

Y *Santa Maria*

Llong fwyaf Columbus ar ei daith gyntaf oedd y *Santa Maria*. Doedd dim llawer o le i'r 40 o ddynion ar y llong fer hon oedd â thri hwylbren. Roedd rhaid iddyn nhw gysgu yn y storfa ar y dec neu yn yr howld. Ond roedd yr hwyliau mawr sgwâr yn rhoi digon o bŵer i'r llong ar y môr.

Vasco da Gama

Y mordwywr Vasco da Gama o Bortiwgal oedd yr Ewropead cyntaf i hwylio o gwmpas Penrhyn Gobaith Da yn Affrica ac i Gefnfor India. Roedd ei longau cadarn â hwyliau sgwâr yn well na'r carafelau ysgafn yn y môr agored.

Mapio'r byd

Pan welodd gwledydd gogledd Ewrop y cyfoeth roedd y Sbaenwyr a'r Portiwgaliaid yn ei nôl o Ynysoedd y Sbeisiau, roedden nhw eisiau peth hefyd. Roedd y llwybrau tua'r de i Asia'n hir a pheryglus. Felly, penderfynodd gwledydd fel Lloegr, Ffrainc a'r Iseldiroedd anfon mordwywyr i ddod o hyd i lwybrau byrrach tua'r gogledd. Ceisiodd rhai hwylio i'r gogledd o Ogledd America (Tramwyfa'r Gogledd-Orllewin), aeth rhai i'r gogledd o Rwsia (Tramwyfa'r Gogledd-Ddwyrain). Roedd gormod o rew yno, ond daethon nhw o hyd i foroedd newydd, o Ganada i Ogledd Sgandinafia.

Mapio cynnar
Roedd mordwywyr yn cofnodi'r arfordiroedd a'r porthladdoedd lle buon nhw er mwyn gwneud mapiau. Yn raddol cafodd mwy a mwy o rannau o'r byd eu mapio. Awstralia ac America oedd y tiroedd olaf i gael eu mapio'n fanwl.

Lledred
Roedd morwyr yn defnyddio'r groesffon i weithio allan beth oedd eu lledred (y pellter o'r cyhydedd). Roedd yr offeryn pren syml hwn yn gweithio drwy fesur uchder seren yn yr awyr.

Fforwyr gogledd Ewrop

Wrth chwilio am lwybrau newydd i'r Dwyrain Pell, aeth arloeswyr o Brydain, Ffrainc a'r Iseldiroedd yn ddwfn i ddyfroedd rhewllyd gogledd Cefnfor Iwerydd a Môr Norwy. Roedd eu llongau'n fach ac yn aml wedi'u seilio ar y carac – llong ryfel â hwyliau sgwâr a latîn. Er gwaethaf medr y morwyr, collwyd llawer o'r llongau yn y moroedd garw hyn. Roedd bywyd morwr yn llawn peryglon ac weithiau'n fyr iawn! Ddaeth y llongau hyn ddim o hyd i lwybr newydd i'r Dwyrain Pell. Yn lle hynny, buon nhw'n crwydro moroedd gogledd Cefnfor Iwerydd, llynnoedd ac afonydd Canada, a'r moroedd o gwmpas Grønland, Ynys yr Iâ a Norwy.

Willem Barents

Aeth Willem Barents o'r Iseldiroedd ar sawl taith yn y 1590au i chwilio am Dramwyfa'r Gogledd-Ddwyrain i Asia. Hwyliodd i fyny ar hyd arfordir Norwy ac i'r dyfroedd uwchben gwledydd Sgandinafia. Cafodd y môr ei enwi'n Môr Barents yn ddiweddarach.

Mordwyo

Roedd yr arloeswyr cyntaf yn dod o hyd i'w ffordd drwy hwylio ar hyd yr arfordir, a chadw'r tir mewn golwg. Wrth hwylio allan i'r môr, roedd angen offerynnau i helpu i weithio allan lle roedden nhw. Y rhai pwysicaf oedd y cwmpawd a nifer o ddyfeisiadau i gyfrifo lledred.

O gwmpas y byd yn grwn

Hwyliodd y morwr Francis Drake o Brydain o gwmpas y byd yn 1577-1580. Roedd ganddo bum llong, ond dim ond y brif long 100 tunnell, y Golden Hind, a orffennodd y daith.

Jacques Cartier

Ceisiodd yr arloeswr hwn o Ffrainc ddod o hyd i Dramwyfa'r Gogledd-Orllewin. Hwyliodd i fyny afon St Lawrence i Hochelaga (Montreal, Canada heddiw) a chrwydro'r dyfroedd o gwmpas Newfoundland.

Cwmpawd

Cafodd y cwmpawd magnetig ei ddyfeisio yn China. Ymddangosodd yn Ewrop tua 1200. Dechreuodd morwyr ei ddefnyddio i ddod o hyd i'w cyfeiriad. Ond doedd y cwmpawdau cynnar ddim yn gywir bob amser.

'Jolly Roger'
Coch oedd lliw baneri môr-ladron i ddechrau. Efallai mai'r geiriau Ffrangeg *joli rouge* (coch hardd) a roddodd yr enw 'Jolly Roger' - y term Saesneg am faner môr-ladron. Roedd gan bob criw o fôr-ladron eu baner eu hunain. Roedd pob math o symbolau arnyn nhw: sgerbwd, penglog a chleddyfau neu benglog ac esgyrn croes. Dysgodd morwyr yn fuan i'w hadnabod a'u hofni nhw i gyd.

Perygl y môr-ladron

Ers pan ddechreuodd llongau hwylio'r moroedd, mae môr-ladron wedi bod wrthi'n lladrata ac ysbeilio cargo. Mae môr-ladron bob amser yn defnyddio llongau cyflym – galïau â hwyliau a rhwyfau, galiynau â phedwar hwylbren i ysbeilio allan ar y môr, neu slŵps cyflym â hwyliau triongl i ysbeilio'r glannau. Roedd rhaid i fôr-ladron fod yn gryf ac yn forwyr medrus. Roedd rhaid newid rigin y llong drwy'r amser iddi hwylio'n gyflym.

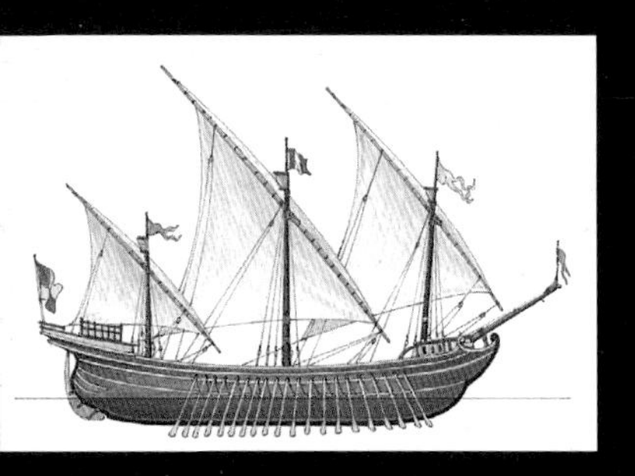

***Corsairs* Barbari**
Corsairs Barbari oedd yr enw ar fôr-ladron Mwslimaidd o Ogledd Affrica, neu arfordir Barbari. Roedden nhw'n teithio mewn galïau cul a chyflym, gyda hwyliau a rhwyfau. Felly gallen nhw ymosod yn sydyn a dianc yn gyflym.

Pisiau wyth / 'Pieces-of-eight'
Cymerodd anturwyr Sbaen aur ac arian o America a'i droi'n ddarnau o'r enw 'dwblŵns' a 'phisiau wyth'. Roedd môr-ladron yn hoffi'r darnau hyn – roedd un dwblŵn yn werth tâl morwr am bron i ddau fis.

Môr-ladron y Caribî

Roedd môr-ladrata'n gyffredin yn y Môr Caribî yn y 17eg a'r 18fed ganrif. Roedd y môr-ladron yn dechrau fel bycaniriaid, yn amddiffyn eu hynysoedd rhag llongau'r Sbaenwyr. Ond yna dechreuon nhw ladrata, gan ymosod ar unrhyw long oedd yn cario cargo drud.

Blackbeard

Môr-leidr enwocaf y Caribî oedd Blackbeard. Roedd yn greulon iawn ac yn codi ofn ar forwyr. Pan lwyddodd llynges Prydain i'w ddal a'i ladd, crogon nhw ei ben o bolyn blaen eu llong.

Môr-leidr a'i ysbail

Roedd môr-ladron yn hwylio o dan unrhyw faner oedd ar gael. Bydden nhw'n dod yn agos at long cyn codi'r 'Jolly Roger'. Y gobaith oedd codi digon o ofn ar y criw fel eu bod nhw ildio'n syth. Yna bydden nhw'n byrddio'r llong a mynd â'r ysbail, gan ladd unrhyw un oedd yn eu ffordd. Rhai o hoff dargedau môr-ladron yn y 17eg ganrif oedd llongau Sbaen yn llawn trysor ar eu ffordd 'nôl o America. Roedd hi'n werth ysbeilio 'East Indiamen' (llongau masnach oedd yn teithio o'r Dwyrain Pell i Ewrop) a llongau masnach yn y Môr Canoldir a Môr China.

Môr-ladron modern

Er bod gwylwyr y glannau'n ceisio eu hatal, mae môr-ladron i'w cael o hyd mewn rhai rhannau o'r byd. Mae mwy o fôr-ladrata fel arfer pan fydd rhyfel neu ansicrwydd gwleidyddol.

Gwyddoniaeth ar y moroedd

Hydred
Cylchoedd mawr o gwmpas y Byd yw llinellau hydred, yn croesi ym Mhegwn y Gogledd a'r De.

Digwyddodd llawer o ddatblygiadau gwyddonol yn y 18fed ganrif. Y fforiwr cyntaf oedd â diddordeb mewn gwyddoniaeth oedd James Cook, capten llong o Brydain. Aeth Cook ar dair mordaith i'r Cefnfor Tawel. Bu'n arsylwi ar y sêr, cofnodi bywyd gwyllt a chreu siartiau wrth deithio. Fe oedd yr Ewropead cyntaf i hwylio ar hyd arfordir dwyreiniol Awstralia.

Yr *Endeavour*
Roedd mordaith gyntaf Cook ar draws y Môr Tawel ar fwrdd yr *Endeavour*. Cynlluniwyd y llong yn wreiddiol i gario glo, felly gwyddai Cook y gallai gario llwythi trwm.

Cyfrifo hydred
Un o broblemau mwyaf morwyr wrth fordwyo oedd gweithio allan lle yn union roedden nhw ar y môr. Gallen nhw weithio'r lledred allan o safle'r haul, ond y ffordd orau i gyfrifo hydred yw gweithio allan y gwahaniaeth rhwng faint o'r gloch yw hi lle rydych chi nawr a faint o'r gloch yw hi gartref. Ond doedd y clociau cynnar ddim yn ddigon manwl. Aeth John Harrison, gwneuthurwr clociau o Loegr ati i wneud cloc arbennig o'r enw cronomedr i'w ddefnyddio ar y môr.

Cronomedr Harrison
Roedd pedwerydd cronomedr Harrison yn 1760 yr un maint â wats boced fawr. Buodd Capten Cook yn profi copi ohono ar y môr ac roedd yn gywir iawn. Cafodd Harrison wobr enfawr am ddatrys problem hydred.

Gwaith gwyddonol
Aeth Cook â seryddwr a dau fotanegwr gydag ef ar ei deithiau. Hefyd, roedd arlunwyr gydag ef i gofnodi'r holl blanhigion a'r anifeiliaid a welson nhw. Roedd y rhain yn cynnwys nifer o rywogaethau unigryw i ardal y Môr Tawel.

Leimiau

'Limeys' – morwyr Prydain

Rhywbeth meddygol oedd un o'r pethau mwyaf anarferol a ddarganfuodd Cook. Roedd morwyr ar fordeithiau hir yn dioddef o'r llwg (sgyrfi), clefyd oedd yn achosi i gig y dannedd fod yn boenus a gwaedu o dan y croen. Sylweddololodd Cook fod modd atal y llwg ond i forwyr fwyta digon o ffrwythau a llysiau. Rhoddodd 'sauerkraut' i'w forwyr (bresych wedi'i biclo), a ffrwythau citraidd fel leimiau a lemonau, a doedden nhw ddim yn dioddef o'r llwg. Yn y pen draw, cafodd holl forwyr Prydain fwyd tebyg, a chawson nhw'r llysenw 'limeys'. Erbyn hyn rydyn ni'n gwybod mai'r fitamin C yn y bwyd sy'n atal y llwg.

Capten Cook
Aeth James Cook i'r môr yn fachgen. Cododd drwy rengoedd y llynges gan fod yn gyfrifol am long pan oedd yn 31 oed. Gwnaeth waith pwysig yn tirfesur arfordiroedd Gogledd America cyn mynd i'r Cefnfor Tawel. Roedd Cook yn ceisio cadw ar delerau da â'r bobl a gyfarfu ar ei deithiau, ond cafodd ei ladd wrth ymladd ag ynyswyr Hawaii yn 1779.

Y *Beagle*

Yn 1832, ymunodd Charles Darwin, y gwyddonydd o Brydain â'r *Beagle* fel naturiaethwr ar daith i Dde America. Cafodd y *Beagle* ei hailadeiladu ar gyfer y fordaith, ond roedd hi'n dal yn fach iawn. Llanwodd Darwin ei gaban â'r sbesimenau a gasglodd. Byddai'n defnyddio'r deunydd hwn yn ei lyfr arloesol, *The Origin of Species*.

Llongau ar gyfer gwyddoniaeth

Ar ôl mordeithiau arloesol Capten Cook, aeth llawer o wyddonwyr i'r môr. Casglodd dynion fel Charles Darwin sbesimenau i roi cliwiau am ddamcaniaethau gwyddonol pwysig. Yna, sylweddolon nhw nad oedden nhw'n gwybod llawer am y môr ei hunan. Yn 1872, dechreuon nhw wneud rhywbeth am hyn. *Y Challenger* oedd y llong gyntaf wedi'i hadeiladu i wneud ymchwil i'r môr. Hwyliodd o gwmpas y byd yn casglu data am y môr a'r bywyd gwyllt. Dyma ddechrau gwyddor eigioneg.

Y *Fram*

Yn y 19eg ganrif, cafodd y gwyddonydd a'r arloeswr Fridtjof Nansen o Norwy long arbennig. Roedd y *Fram* wedi cael ei dylunio'n arbennig i arloesi yn yr Arctic. Roedd corff y *Fram* wedi'i gryfhau. Felly, os oedd yr iâ'n gwasgu yn erbyn ei hochrau, roedd hi'n codi, yn lle cael ei gwasgu gan y pwysau.

Arloesi yn y môr dwfn
Mae angen llong ymchwil ar fforwyr tanfor heddiw, gyda labordai, llety i dîm o wyddonwyr a lle i bopeth ar fordaith hir. Hefyd rhaid cael bad sy'n gallu plymio'n ddwfn i'r môr. Felly mae llongau eigioneg yn gallu bod yn eithaf mawr, er bod rhaid i'r llong arloesi ei hun fod yn fach ac yn hawdd ei symud.

Alvin

Llong ymchwil

Yr *Alvin*
Gall y bad *Alvin* gario pobl i hyd at 4,000 metr o dan lefel y môr. Mae'n hawdd ei symud, felly gall arloeswyr ddod o hyd i greaduriaid 'newydd' yn cuddio rhwng y creigiau.

Dirgelion y dyfnderoedd
Mae dyfnderoedd y môr wedi denu pobl erioed. Ond tan yr 20fed ganrif, doedd pobl ddim yn gallu plymio'n ddwfn oherwydd y pwysau uchel, y tywyllwch a'r oerfel. Yn 1934, dyfeisiodd yr Americanwr Charles William Beebe y bathysffer, pelen ddur gau i'w gollwng ar gadwyn o long. Ynddi hi, buodd Beebe yn plymio i ddyfnder o 900 metr yng Nghefnfor Iwerydd. Roedd angen rhywbeth cryfach i fforio'n ddyfnach o dan y cefnfor, fel y bathyscaffau (badau dwfn) a llongau tanfor cryf, fel yr *Alvin*.

Y *Trieste*
Y *Trieste* oedd un o'r bathyscaffau cyntaf. Roedd ei chorff wedi'i gryfhau fel ei bod yn gallu gwrthsefyll pwysau enfawr ar waelod y môr. *Trieste* oedd y bad cyntaf i fforio Ffos Mariana, y rhan ddyfnaf o'r Cefnfor Tawel.

Llongau cliper

Clipers y 19eg ganrif oedd rhai o'r llongau harddaf erioed. Roedd ganddyn nhw gyrff hir a thenau, a hwyliau mawr er mwyn teithio'n gyflym mewn gwynt mawr. Ond roedden nhw'n gallu symud pan oedd y gwynt yn dawel hefyd. Yn America yr adeiladwyd y clipers cyntaf. Roedd clipers yn llongau eithaf twt, ond roedden nhw'n gyflym, ac roedd hyn yn bwysig wrth gludo cargo. Te oedd un o'r cargos mwyaf gwerthfawr. Roedd y clipers yn ei gario o China, ar draws cefnfor India a chefnfor Iwerydd, i Ewrop.

Morwyr wrth eu gwaith

Roedd angen criw mawr ar gliper i newid yr hwyliau wrth i'r gwynt symud. Fel arfer roedd hi'n bosibl gwneud hyn o'r dec, ond weithiau roedd rhaid i forwyr ddringo'r rigin, a dal yn dynn yn yr hwyliau gwlyb a llithrig i'w clymu wrth yr hwyl-lath.

Rhuthr am aur

Yn 1847, daeth aur i'r golwg yn California. Rhuthrodd llawer o bobl i arfordir gorllewinol America ar y clipers i chwilio am ffortiwn. Byddai morwyr yn aml yn diflannu o'r llong yn California, felly roedd rhaid i glipers gymryd criw ychwanegol i hwylio ymlaen i China.

Amser hamdden

Byddai morwyr yn gwneud crefftau wrth lenwi'r amser rhwng cysgu a gweithio. Roedd cerfio esgyrn morfil yn boblogaidd, yn enwedig os oedd hi'n llong hela morfilod. Byddai morwyr eraill yn gwneud modelau o longau neu waith rhaff.

Yn y porthladd
Mae'r llun hwn o ddiwedd y 19eg ganrif yn dangos clipers a llongau stêm yn dadlwytho eu cargo yn Nociau South Street, Efrog Newydd. Erbyn y cyfnod hwn, roedd cyrff y rhan fwyaf o glipers o haearn ysgafn. Felly roedden nhw'n gallu cario cargo trymach.

Llongau newydd, cargo newydd

Buodd clipers yn rheoli'r moroedd am 20 mlynedd cyn i longau stêm ddechrau dwyn eu masnach. Yn 1869, agorodd Camlas Suez a rhoi mantais arall i'r llongau stêm mawr. Roedd llongau'n gallu hwylio'n syth o'r Môr Canoldir i Gwlff Suez yn lle gorfod hwylio o gwmpas Affrica i gyd. Felly doedd bod yn gyflym ddim o fantais. Ond roedd gwaith o hyd i glipers mawr, yn cario cargo mwy swmpus fel gwlân a grawn o Awstralia i Loegr. Roedd rhai o'r llongau diweddaraf hyn bedair gwaith yn fwy na'r clipers te cyntaf, ac roedd hwylbren ychwanegol ganddyn nhw.

Rasio ar draws y moroedd
Roedd llongau cyflym fel *Sir Lancelot* yn cymryd 85 i 90 niwrnod i hwylio o Melbourne, Awstralia, i Lundain. Dyma'r llongau cyflymaf ar y pryd.

Masnach y byd heddiw

Cludwyr cargo yw llongau mwyaf y byd, a thanceri olew yw'r rhai mwyaf oll. Mae'r llongau enfawr hyn yn gallu pwyso hyd at 500,000 tunnell pan fyddan nhw wedi'u llwytho'n llawn. Ond dim ond criw bach sydd ei angen - mae'r systemau rheoli a mordwyo'n cael eu rheoli gan gyfrifiadur. Mae mathau eraill o gargo'n cael eu cario gan longau sy'n cario cynwysyddion metel. Mae llawer o longau modern yn enfawr ac maen nhw'n gallu cario dros 6,000 cynhwysydd.

Adeiladu llongau

Mae adeiladu llong gargo fodern yn brosiect enfawr. Mae angen llawer o weithwyr ac arian. Dim ond ychydig o iardiau llongau yn y byd sydd yn ddigon mawr i adeiladu'r angenfilod hyn. Mae llawer o longau'n cael eu hadeiladu yn Japan.

Yn y porthladd

Mae llongau cargo modern yn gallu cario nifer mawr o gynwysyddion: blychau metel o faint safonol. Felly mae'n bosib eu gosod ar ben ei gilydd yn ddiogel. Mewn porthladd, mae craen arbennig yn tynnu'r cynwysyddion fesul un ac yn eu llwytho ar drenau neu lorïau. Mewn porthladd mawr modern, fel Singapore neu Rotterdam yn yr Iseldiroedd, mae sawl cei a llawer o graeniau. Felly mae'n bosib llwytho a dadlwytho dwsinau o longau ar yr un pryd.

Cynwysyddion

Mae dau faint i'r cynwysyddion sy'n cael eu llwytho ar longau, mae un maint ddwywaith maint y llall.

Llygredd
Pan fydd tancer olew'n cael damwain, gall olew ymledu am gilomedrau mewn 'slic' tenau ar arwyneb y môr. Gall gymryd blynyddoedd i'r bywyd gwyllt a'r traethau ddod dros y niwed a'r difrod.

Masnach ar y môr

Mae llongau cynwysyddion modern yn ddelfrydol i gario cargo trwm o gwmpas y byd. Mae porthladdoedd mawr y byd wedi'u hadeiladu ar eu cyfer. Mae digon o ddociau a chraeniau i'r llongau cynwysyddion hyn. Maen nhw mewn mannau allweddol ar y llwybrau masnachu hir. Mae'n bosibl dadlwytho cynwysyddion o'r llongau mawr i longau llai cyn iddyn nhw gael eu rhoi ar drenau neu lorïau.

Ar bont y llong
Mae'r capten yn gallu gweld y môr yn glir ac mae'r offer mordwyo diweddaraf ganddo. Ond bydd angen peilot, morwr sy'n adnabod yr ardal leol, i'w helpu i dywys y llong yn ddiogel i'r porthladd.

Ar y lan
Caiff loriau a rholstoc rheilffordd eu hadeiladu i faint safonol er mwyn gallu cludo cynwysyddion o unrhyw long yn y dociau.

LLONGAU RHYFEL

Mae llongau wedi'u defnyddio mewn rhyfeloedd o ddechrau hanes. Byddai llongau cynnar yn arfer cario milwyr, neu'n torri tyllau yn llongau'r gelyn. Erbyn heddiw mae llongau rhyfel yn cario arfau soffistigedig i ymladd y gelyn o bellter mawr, ar y môr neu yn yr awyr.

Salamis 480 CC
Llwyddodd rhwyflongau teir-res o wlad Groeg i drechu llynges o longau Persia yn y frwydr fawr hon. Methodd y Persiaid oresgyn gwlad Groeg.

Aegospotami 405 CC
Ymosododd y Spartiaid yn sydyn ger Thrace (gogledd-orllewin Twrci) a threchu Athen. Cipion nhw 170 llong. Roedd hyn yn ystod rhyfel y Peloponesos.

Lepanto 1571
Yn y frwydr fawr olaf rhwng galïau, cafodd llynges bwerus Twrci ei threchu gan lynges fawr o longau Rhufain, Fenis a Sbaen.

Armada Sbaen
Yn 1588, anfonodd Phillip II o Sbaen lynges o longau hwylio i geisio goresgyn Lloegr. Methon nhw oherwydd llynges Lloegr a thywydd stormus.

Brwydr Trafalgar
Yn 1805, llwyddodd llongau rhyfel Prydain o dan y llyngesydd Nelson, i drechu llongau Ffrainc a Sbaen. Methodd cynllun yr ymerawdwr Napoleon o Ffrainc i oresgyn Lloegr.

***Constitution* vs *Guerrière* 1812-14**
Roedd *Constitution*, o'r Unol Daleithiau, yn un o chwe llong arfog a ymladdodd yn erbyn llongau Prydain. Roedd ei gynnau'n rhy bwerus i'r *Guerrière*.

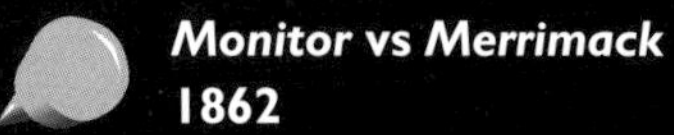

***Monitor* vs *Merrimack* 1862**
Yn ystod Rhyfel Cartref America digwyddodd y frwydr gyntaf rhwng llongau rhyfel haearn. Byddai rhyfel ar y môr yn newid am byth ar ôl y frwydr hon.

Tsushima 1905
Brwydr fawr yn y rhyfel rhwng Rwsia a Japan. Suddodd llongau Japan 12 o longau Rwsia a chipio 4 llong arall.

Jutland 1916
Daeth llynges yr Almaen a Phrydain benben yn y frwydr bwysig hon yn ystod y Rhyfel Byd Cyntaf. Collodd y ddwy ochr nifer o longau. O ganlyniad dechreuodd yr Almaen ddefnyddio llongau tanfor.

Midway 1942
Trobwynt yr Ail Ryfel Byd yn y Cefnfor Tawel. Suddodd llynges yr Unol Daleithiau bedair o longau awyrennau Japan, gan golli un yn unig o'u llongau eu hunain.

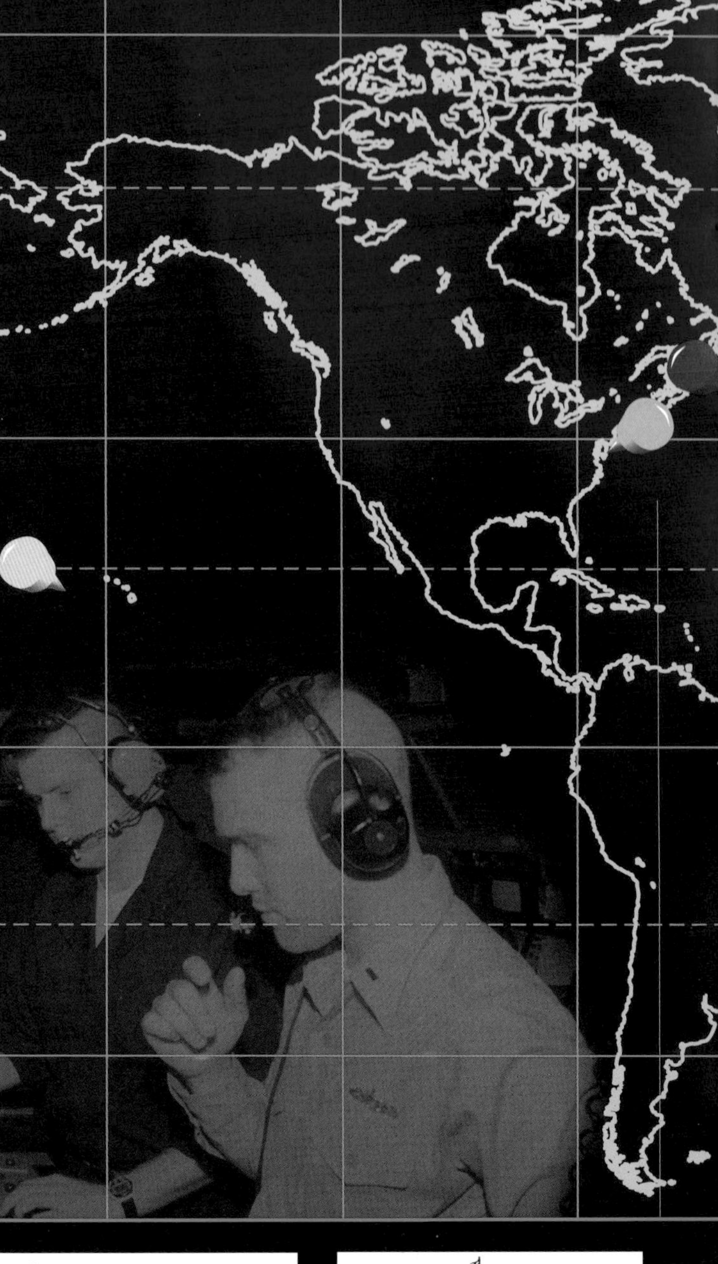

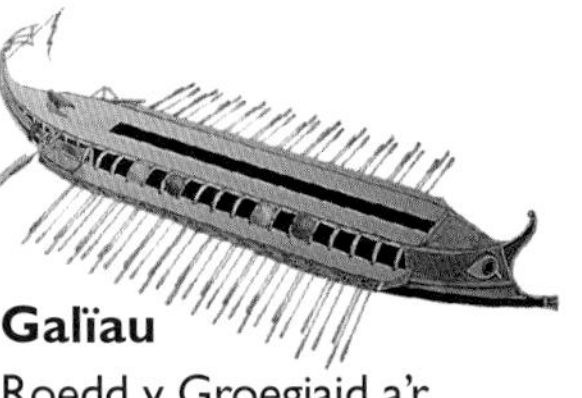

Galïau
Roedd y Groegiaid a'r Rhufeiniaid yn defnyddio'r llongau cyflym hyn. Roedd rhwyfau neu longau yn eu gyrru. Gallai hwrdd mawr ar y blaen dorri twll yng nghorff llong y gelyn.

Llongau rhyfel cynnar
Roedd llongau rhyfel fel *Mary Rose* Henry VIII yn cario gynnau i dyllu llongau'r gelyn. Hefyd roedden nhw'n gallu mynd yn agos at longau'r gelyn i'r criw gael eu byrddio.

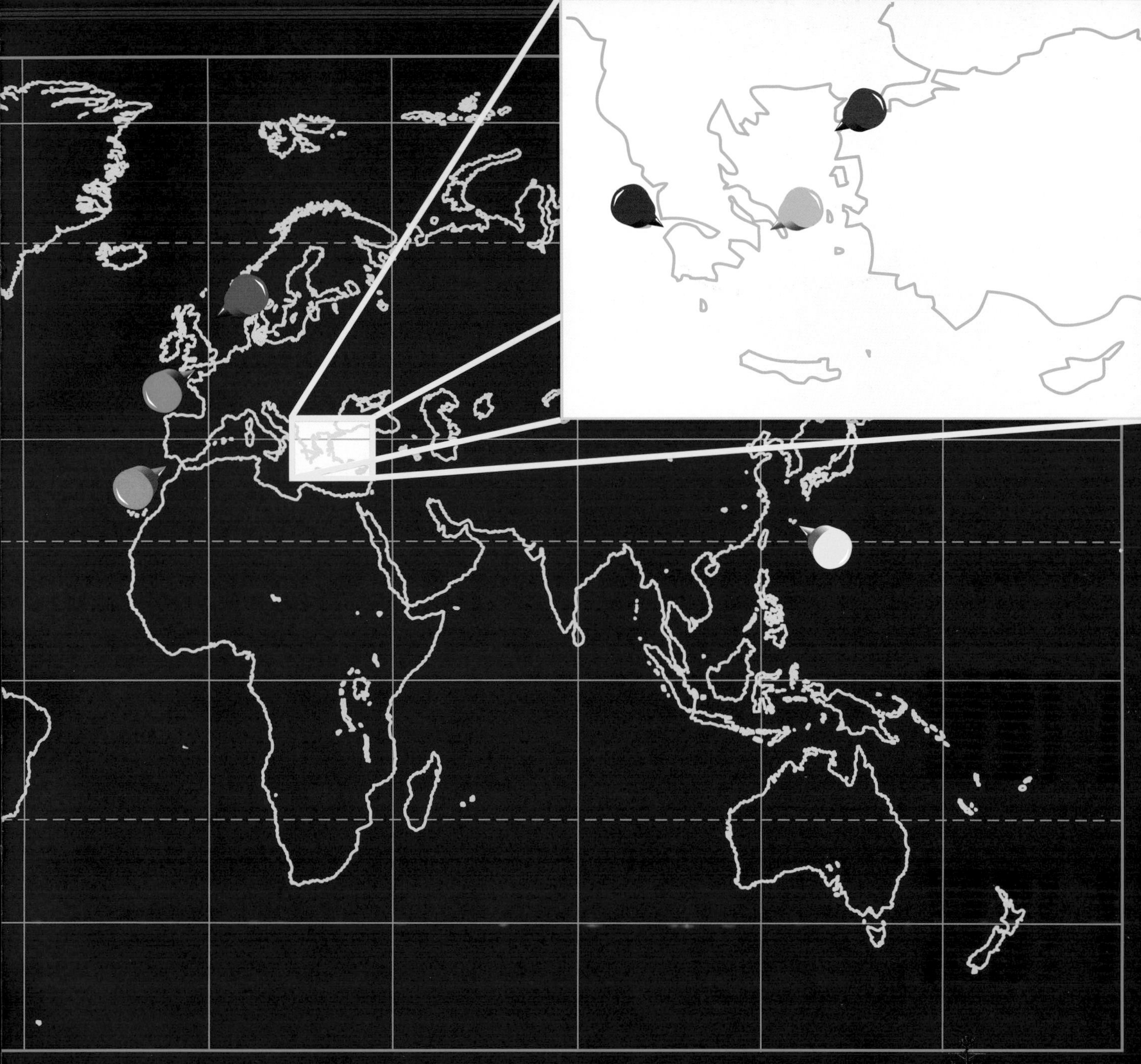

Men of war

Yn y 18fed ganrif, roedd llawer o hwyliau gan longau rhyfel. Roedd rhesi o ynnau ar sawl dec ac roedd hi'n bosibl eu tanio gyda'i gilydd mewn taniad ar ei hyd.

Llongau haearn

Ymddangosodd llongau rhyfel haearn gyntaf yng Ngogledd America yn y 19eg ganrif. Roedd injans stêm yn eu gyrru, felly doedd dim rhaid dibynnu ar y gwynt.

Dreadnought

Llongau cyflym, hawdd eu symud ac yn llawn arfau. Ar ddechrau'r 20fed ganrif, *Dreadnoughts* Prydain oedd y llongau mwyaf modern.

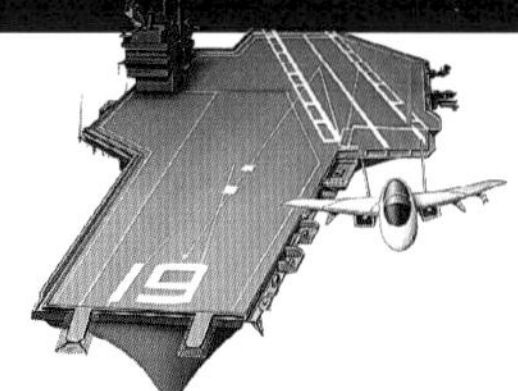

Llongau awyrennau

Mae rhedfa anferth ar y rhain a gallant gludo awyrennau'n agos at y frwydr. Gall y llongau rhyfel anferth a drudfawr hyn chwarae rhan allweddol mewn rhyfel.

Llongau rhyfel cynnar

Roedd y Groegwyr a'r Rhufeiniaid yn arfer hwylio i ryfel ar fwrdd galïau – llongau hir â rhwyfau a hwyliau. Roedd y rhwyfau'n bwysig am eu bod yn rhoi pŵer ychwanegol i'r llong, beth bynnag oedd cryfder y gwynt. Felly roedd hi'n gyflym. Roedd gali'n ymosod ar long y gelyn, drwy ddefnyddio'r hwrdd mawr ar flaen y llong i wneud twll yn ei hochr. Datblygodd y Groegiaid a'r Phoeniciaid longau dwyrwyf â dwy res o rwyfau ar bob ochr. Felly roedd digon o bŵer er bod corff y llong yn ysgafn.

Phoeniciaid
Roedd llongau dwyrwyf gan y bobl yma o ddwyrain y Môr Canoldir. Roedd hwrdd rhyfel mawr, un hwylbren â hwyl sgwâr gan y llongau hyn.

Rhwyflong deires
Roedd y Groegiaid eisiau gwneud llongau mwy a mwy pwerus. Ond os bydden nhw'n ychwanegu rhagor o rwyfwyr, byddai angen corff hirach. Byddai hyn yn arafu'r llong. Felly datblygon nhw'r rhwyflong deir-res. Roedd ganddi dair rhes o rwyfau mewn trefn igam-ogam i gymryd llai o le.

Cyd-dynnu
Ar y dechrau, roedd llongau rhyfel y Groegiaid yn eithaf bach. Dim ond 30 rhwyf oedd ar bob ochr. Ond roedd rhaid i bawb gyd-dynnu ar yr un pryd. Felly roedd angen drwm enfawr i daro rhythm pendant i'r rhwyfwyr.

Llongau rhyfel Rhufain
Copïodd y Rhufeiniaid y Groegwyr wrth lunio llongau rhyfel. Ond defnyddion nhw bren trymach ac weithiau bydden nhw'n ychwanegu hwylbren arall. Hefyd, gwellodd y Rhufeiniaid ddyluniad y pontydd byrddio. Roedd colfachau cryf a phigyn ar bont fyrddio'r Rhufeiniaid er mwyn ei chydio wrth ddec llong y gelyn.

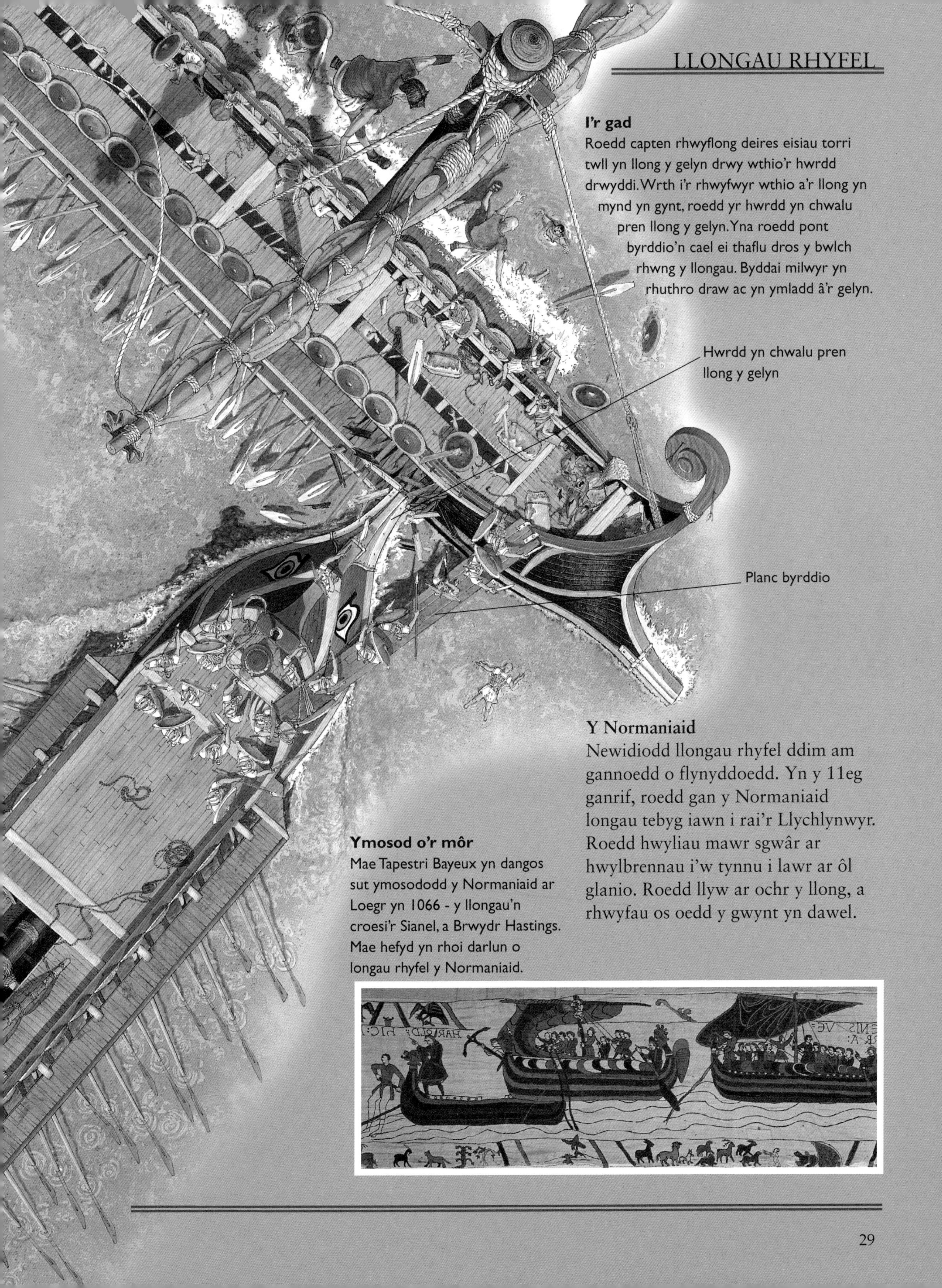

I'r gad

Roedd capten rhwyflong deires eisiau torri twll yn llong y gelyn drwy wthio'r hwrdd drwyddi. Wrth i'r rhwyfwyr wthio a'r llong yn mynd yn gynt, roedd yr hwrdd yn chwalu pren llong y gelyn. Yna roedd pont byrddio'n cael ei thaflu dros y bwlch rhwng y llongau. Byddai milwyr yn rhuthro draw ac yn ymladd â'r gelyn.

Y Normaniaid

Newidiodd llongau rhyfel ddim am gannoedd o flynyddoedd. Yn y 11eg ganrif, roedd gan y Normaniaid longau tebyg iawn i rai'r Llychlynwyr. Roedd hwyliau mawr sgwâr ar hwylbrennau i'w tynnu i lawr ar ôl glanio. Roedd llyw ar ochr y llong, a rhwyfau os oedd y gwynt yn dawel.

Ymosod o'r môr

Mae Tapestri Bayeux yn dangos sut ymosododd y Normaniaid ar Loegr yn 1066 - y llongau'n croesi'r Sianel, a Brwydr Hastings. Mae hefyd yn rhoi darlun o longau rhyfel y Normaniaid.

Rhyfela â llongau

Yn yr Oesoedd Canol (tua 1000-1500), llongau cargo wedi'u haddasu oedd llawer o longau rhyfel. Ond cyn hir roedd gwledydd yn adeiladu llongau arbennig i ryfela. Llongau bychain iawn oedden nhw o hyd, ond â rhagor o hwyliau. Felly roedden nhw'n gynt ac yn haws eu symud. Hefyd roedd ganddyn nhw 'gestyll' ar y blaen a'r tu ôl, a 'bwrdd tanio' ar y mastiau lle gallai'r saethwyr sefyll. Yn nes ymlaen, roedd magnelau ar y rhain i ddinistrio llongau'r gelyn.

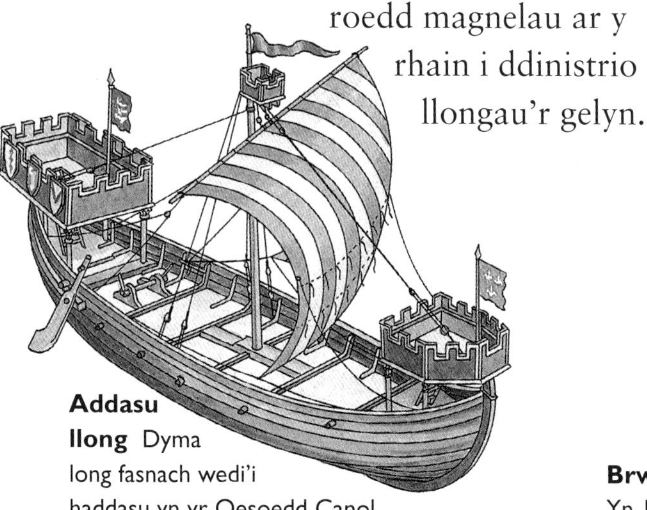

Addasu llong Dyma long fasnach wedi'i haddasu yn yr Oesoedd Canol. Mae'n debyg i long Llychlynwyr, oni bai am y cestyll ar y blaen a'r tu ôl. Wedi hyn, roedd llywiau ar y starn yn llywio'r llong.

Magnelau'n tanio
Ar long ryfel y *Mary Rose* roedd llawer o fagnelau mawr o efydd neu haearn gyr. Roedd gan bob magnel olwynion, er mwyn ei rolio'n ôl i'w lanhau a'i lwytho.

Y Mary Rose
Suddodd y *Mary Rose*, un o hoff longau'r Brenin Harri VIII, ger arfordir de Lloegr yn 1545. Pan ddaeth archeolegwyr o hyd iddi a dod â hi i'r wyneb, dysgwyd llawer am longau rhyfel y 16eg ganrif. Roedd y *Mary Rose* yn llong carfel – dydy'r estyll pren ddim yn gorgyffwrdd, ond maen nhw wedi'u gosod ymyl wrth ymyl ar fframwaith o dderi. Roedd hwyliau sgwâr ar bedwar hwylbren y llong.

Brwydr Lepanto
Yn 1571, yn Lepanto yn y Môr Canoldir, buodd llynges Twrci'n ymladd â llongau o Sbaen, Fenis, Genoa a Thaleithiau'r Pab yn y frwydr olaf mewn galïau â rhwyfau. Cafodd lluoedd Twrci eu trechu gan longau Fenis oedd ag ochrau uchel a llawer o arfau.

Ar fwrdd y *Mary Rose*

Roedd gan y llong dri phrif ddec, a llety yn y castell yn y blaen a'r starn. Roedd y dec isaf yn cael ei ddefnyddio i storio pethau. Ar y ddau ddec isaf roedd y gynnau. Roedd criw o 500 dyn yn gorfod byw a bod rhwng y gynnau.

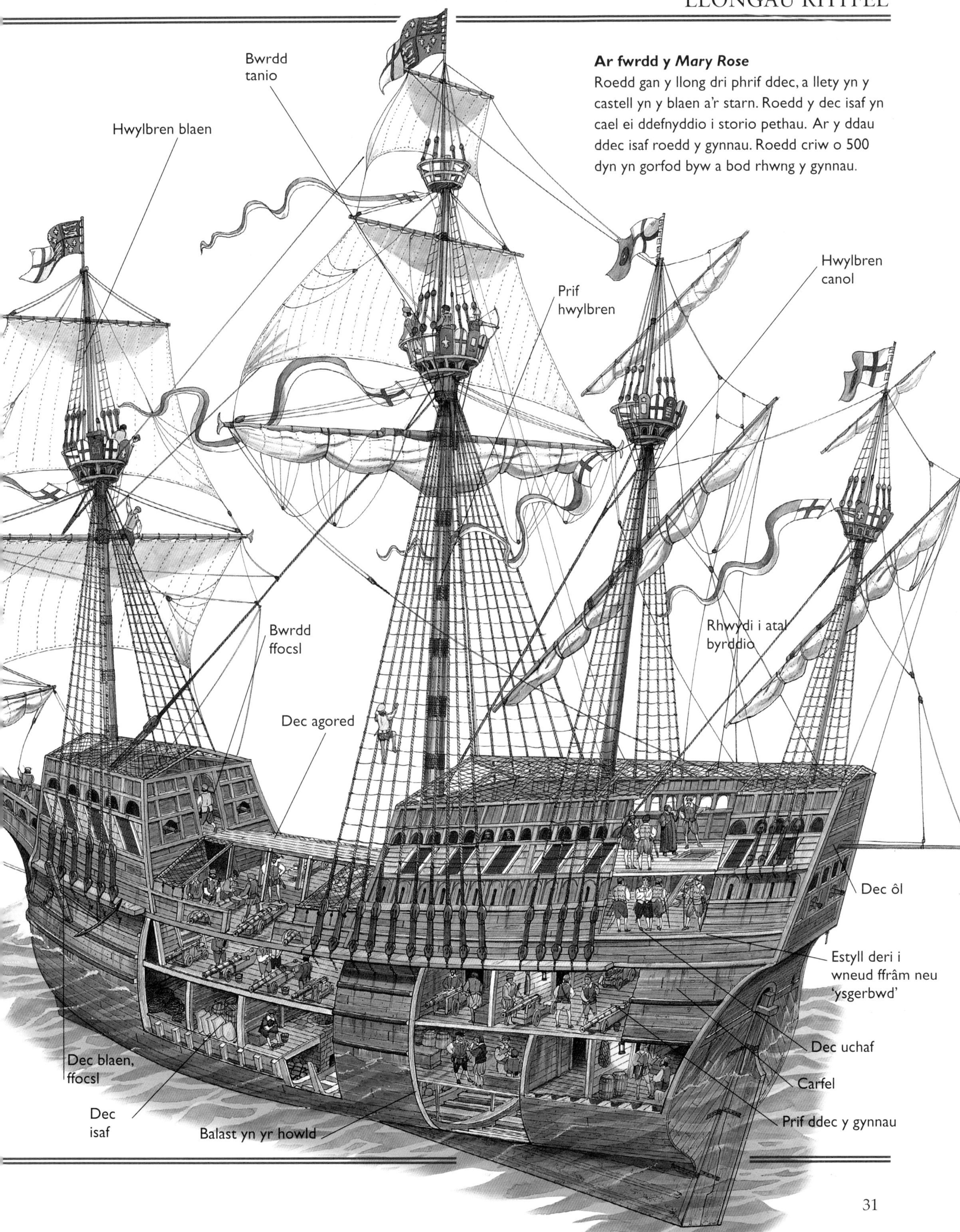

Galiynau

Dechreuodd y llongau rhyfel pren yma hwylio'r moroedd yn ystod y 15eg ganrif. Roedden nhw'n eithaf cul gyda phen blaen siâp pig, a'u hochrau'n gwyro am i mewn. Roedden nhw'n sefydlog iawn, er mwyn cario rhesi o fagnelau mawr trwm. Roedd galiynau'n gymhleth a drud i'w hadeiladu – roedd angen tua 2,000 derwen i bob llong. Ond buon nhw'n hwylio'r moroedd am dros 300 mlynedd. Roedd rhai'n cael eu defnyddio i fasnachu hefyd, gan ddod â llwythi o aur ac arian o gyfandir America i Ewrop.

Armada Sbaen

Roedd brenin Sbaen yn gobeithio goresgyn Lloegr yn 1588. Anfonodd lynges, neu Armada o 151 llong. Aeth 200 o longau Lloegr i amddiffyn y wlad. Roedd galiynau Lloegr yn llai ac yn gynt na rhai Sbaen. Digwyddodd yr ymladd dros ddeng niwrnod. Buodd y Saeson yn defnyddio magnelau ac yn llosgi llongau tân i ddifrodi'r Armada. Yn y diwedd, penderfynodd y Sbaenwyr gilio oherwydd gwyntoedd anodd a dŵr bas.

Ymladd â'r Armada

Roedd y Sbaenwyr yn gyfarwydd â brwydrau lle roedden nhw'n byrddio llongau'r gelyn ac yn ymladd un ac un. Ond cadwodd y Saeson nhw hyd braich, a'u rhwystro rhag byrddio. Hefyd defnyddiodd y Saeson y magnelau ar y galiynau i ddifrodi llongau'r gelyn. Roedden nhw'n gallu tanio'n bellach na gynnau Sbaen.

Adeiladu galiwn
Roedd adeiladwyr llongau'n defnyddio'r cilbren fel asgwrn cefn (1), ac yn ychwanegu'r asennau ac yn ffurfio'r blaen a'r starn (2). Roedd rhaid gorchuddio'r corff ag estyll ac adeiladu'r deciau wrth fynd ymlaen (3). Yna roedd y ffocsl yn cael ei ffurfio. Doedd e ddim yn bargodi fel rhai llongau cynharach, felly roedd y galiwn yn fwy sefydlog. Yn olaf, roedd tar yn cael ei roi dros y corff i'w wneud yn ddiddos (4).

Rhyfeloedd Lloegr yn erbyn yr Iseldiroedd

Yn ystod y 17eg ganrif, aeth y Saeson a'r Iseldirwyr i ryfel dair gwaith dros fasnach y môr a hawliau pysgota. Roedd gwell galiynau gan Loegr. Yn y rhyfel cyntaf (1652-54), manteisiodd y Saeson ar eu cryfder i ennill brwydrau. Yn yr ail ryfel (1665-67), llwyddodd yr Iseldirwyr i ddinistrio llynges Lloegr pan oedd yn y dociau. Roedd y trydydd rhyfel (1672-74) yn fwy cyfartal.

Galiynau'n brwydro
Mae galiwn o Loegr wedi tanio ar ei hyd ar long o'r Iseldiroedd. Mae'r hwylbren wedi'i dorri a'r criw wedi mynd i'r môr. Mae'r Iseldirwyr wedi taro'n ôl, ond dim ond hwyliau'r Saeson sydd wedi'u difrodi.

Men of war

Men of war oedd yr enw ar longau rhyfel mawr pren y 18fed a'r 19eg ganrif. Roedden nhw'n cario criwiau o hyd at 800 morwr ar deithiau hir a pheryglus i faes y gad. Roedd hi'n anodd ar y criw ar y llongau llawn a llaith. Roedd rhaid bod yn fedrus i ddringo'r hwylbrennau a'r rigin er mwyn datod yr hwyliau enfawr mewn ychydig funudau.

Golwg o'r tu ôl
Mae'r llun yma o'r llong *Soleil Royal* o Ffrainc yn dangos y starn. Dyma lle roedd llety'r swyddogion. Doedd neb yn ymosod ar starn llong fel arfer. Felly roedden nhw'n aml yn hardd a digon o ffenestri ynddyn nhw.

Y près
Doedd dim llawer o ddynion eisiau ymuno â'r llynges, felly roedd llongau'n anfon grwpiau o ddynion allan, *press gangs*, i gael morwyr newydd. Os roedd hi'n amhosibl perswadio dynion, bydden nhw'n eu cipio.

Bywyd ar fwrdd llong
Roedd bywyd yn anodd ar fwrdd *man of war*. Roedd y bwyd yn wael – cig hallt, pys sych a bisgedi caled. Doedd dim preifatrwydd gan forwyr cyffredin. Roedd rhaid iddyn nhw wneud popeth – cysgu a mynd i'r tŷ bach – o flaen pawb arall. Ond roedd digon i'w wneud bob amser – trwsio a rigio'r hwyliau, sgrwbio'r dec neu gywiro estyll y llong.

Trefniant brwydr

Roedd llongau'n dod at ei gilydd ar ddechrau brwydr. Doedd y gynnau ddim yn gallu saethu'n gywir o bell. Felly roedd rhaid aros nes iddyn nhw ddod yn agos at longau'r gelyn cyn gwneud taniad ar ei hyd (pob gwn ar un ochr yn tanio gyda'i gilydd).

Yn y frwydr

Roedd *man of war* yn gallu bod yn lle brawychus adeg brwydr. Dynion yn rhedeg i bobman yn wyllt, swyddogion yn gweiddi gorchmynion a sŵn byddarol gynnau'n tanio. Pan fyddai'r gelyn yn taro llong, roedd bywyd pawb mewn perygl. Y perygl mwyaf oedd cael eich taro gan ddarnau mân o bren yn hedfan fel cyllyll miniog drwy'r awyr.

Ar y gynfwrdd

Wrth i ddynion lwytho'r gynnau a dod yn barod i danio, roedd bechgyn ifainc o'r enw *powder monkeys* yn rhedeg ar draws y dec â phowdr gwn o'r arfdy. Yna roedd pawb yn sefyll o'r neilltu, gan fod y gynnau'n neidio'n ôl wrth danio.

Difrod mewn brwydr

Yn y darlun hwn, mae'r llong *Constitution* o America wedi trechu'r llong *Guerrière* o Brydain yn y rhyfel rhwng Prydain ac America (1812). Gallai seiri'r llong drwsio difrod i gorff y llong, ond roedd hi'n amhosibl cywiro'r hwylbrennau a'r rigin. Roedd llong yn methu symud heb ei hwyliau, a gallai criw'r gelyn ei byrddio.

Monitor* a *Merrimack
Digwyddodd y frwydr fawr gyntaf rhwng llongau rhyfel haearn ym mis Mawrth 1862, yn ystod Rhyfel Cartref America. Roedd dwy long – y *Merrimack*, ffrigad wedi'i haddasu â deg gwn, a'r *Monitor*, llong ryfel fel rafft â dau wn ar dwred oedd yn troi. Chafodd dim un o'r llongau ei difrodi, ond *Monitor* wnaeth y difrod mwyaf.

Llongau rhyfel

Yn y 19eg ganrif, daeth pŵer stêm a chyrff haearn i newid llongau rhyfel am byth. Doedd dim gobaith gan yr hen longau pren yn erbyn llongau haearn. Gallen nhw ddod yn agos at long y gelyn a saethu heb ofni cael difrod. Roedd y llongau rhyfel haearn cyntaf yn edrych fel cestyll ar y môr – gydag ochrau cryf a thyredau gynnau tal. Cyn hir roedd adeiladwyr llongau'n adeiladu llongau rhyfel enfawr, fel y *Dreadnought*. Roedd ganddi nifer o ynnau mawr i wneud twll neu suddo'r gelyn.

O dan y deciau
Roedd y rhan fwyaf o gorff y *Dreadnought* yn llawn ffrwydron ar gyfer gynnau mawr a thiwbiau torpedo'r llong. Hefyd roedd storfeydd tanwydd i'r injans tyrbin. Roedd yr injans eu hunain yn cymryd llawer llai o le nag injans stêm cyffredin â phŵer tebyg.

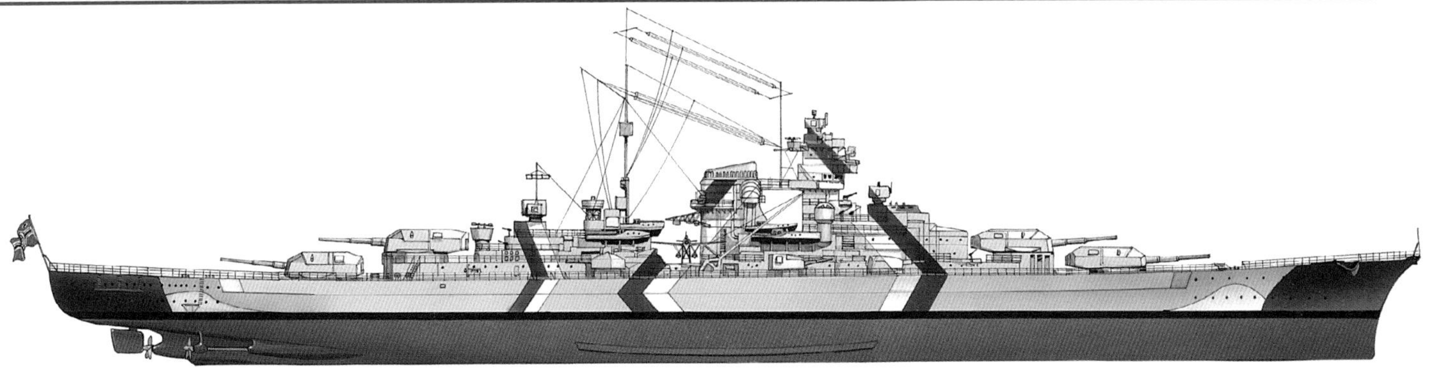

Mawr a bach

Yn yr 20fed ganrif, aeth llongau rhyfel yn fwy pwerus, gydag injans cyflymach a gynnau mwy. Buodd llyngesau'r byd yn cystadlu i adeiladu'r llongau rhyfel mwyaf. Yn ystod yr Ail Ryfel Byd, datblygodd y Japaneaid longau rhyfel Yamato. Roedd pob llong ryfel Yamato'n pwyso 74,168 tunnell. Dyma'r llongau rhyfel mwyaf erioed. Ond allai ddim llawer o wledydd fforddio llongau mawr fel hyn. Ar ôl y rhyfel, dechreuon nhw ddibynnu ar daflegrau amrediad pell yn cael eu tanio o longau llai a rhatach.

Y *Bismark*

Y *Bismark* – 52,832 tunnell – oedd un o longau mwyaf yr Almaen yn yr Ail Ryfel Byd. Ei chyflymdra uchaf oedd 56 cilometr yr awr ac roedd ganddi ynnau 38 centimetr. Ond fuodd hi ddim ar y môr yn hir. Cafodd ei suddo gan lynges Prydain yn 1941, dim ond dwy flynedd ar ôl iddi gael ei lansio.

Y *Kirov*

Yn y 1970au a'r 1980au, adeiladodd yr Undeb Sofietaidd (Rwsia) nifer o longau rhyfel niwclear *Kirov*. Roedd dau adweithydd niwclear yn gyrru pob llong. Roedden nhw'n gallu hwylio am bellteroedd maith heb orfod codi rhagor o danwydd. Ond roedden nhw'n ddrud i roi gwasanaeth iddyn nhw, felly cawson nhw eu dileu.

Dreadnought

Cafodd y *Dreadnought* o Brydain ei lansio yn 1906. Roedd ganddi ddeg gwn mawr, pum tiwb taflegrau, ond dim gynnau bach o gwbl. Dyma'r llong ryfel gyntaf i gael ei gyrru gan dyrbinau stêm - felly ei chyflymdra uchaf oedd 39 cilomedr yr awr. Roedd comanderiaid y llynges wrth eu bodd â hi am ei bod yn gyflym a phwerus. Cyn hir cafodd llawer o rai tebyg eu hadeiladu, a *dreadnought* oedd yr enw ar bob llong ryfel fawr ar ddechrau'r 20fed ganrif.

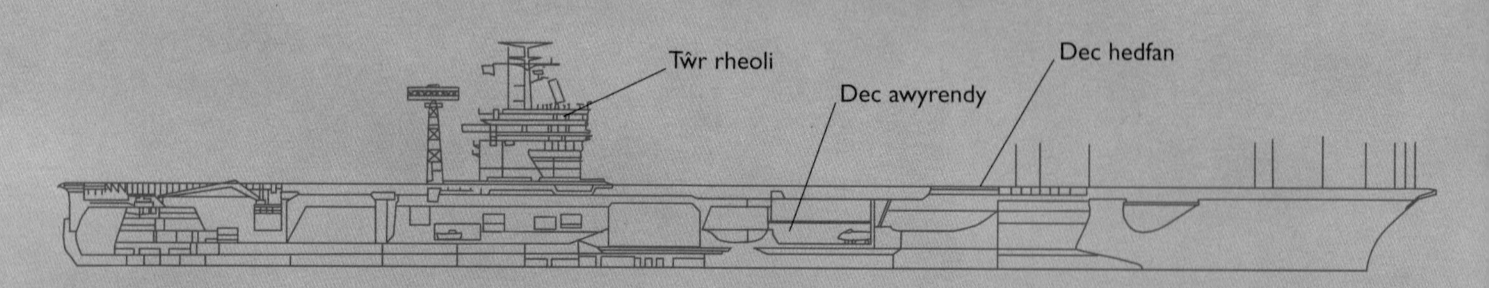

Llyngesau rhyfel

Erbyn heddiw, mae llyngesau'n brwydro o bell. Mae llongau'n gallu saethu taflegrau niwclear sy'n teithio gannoedd o gilometrau i'w targed. Maen nhw hefyd yn gallu defnyddio llongau awyrennau i fynd ag awyrennau rhyfel ac eraill i ardal y brwydro. Mae llynges ryfel heddiw'n gallu cynnwys llong awyrennau fawr a nifer o longau rhyfel llai yn ei hamddiffyn, neu nifer o longau llai'n tanio o bellter.

Y llong awyrennau
Mae tipyn o'r lle o dan y dec ar y llong awyrennau USS *Nimitz* yn cael ei ddefnyddio i roi llety i'r 3,000 o forwyr. Mae dau adweithydd niwclear yn gyrru'r *Nimitz* i gyflymdra dros 56 cilomedr yr awyr – tipyn o gamp i long yr un uchder ag adeilad 25 llawr. Mae lle i dros 90 awyren ar y dec awyrendy.

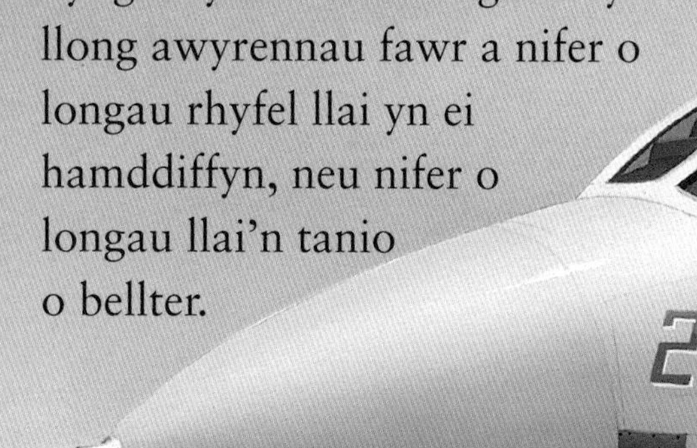

USS *Enterprise*
Dyna'r llong awyrennau gyntaf i gael ei gyrru gan bŵer niwclear. Hi yw'r llong ryfel hiraf erioed. Gall tua 75 awyren godi o'r dec hedfan 372 metr o hyd. Cafodd ei lansio yn 1961, ac mae'n dal i gael ei defnyddio.

Llong ryfel taflegrau

Yn draddodiadol, roedd gynnau a thorpidos ar y llongau rhyfel hyn, i amddiffyn y prif longau ac ymosod ar longau tanfor. Erbyn hyn mae ganddyn nhw daflegrau ac maen nhw'n ymgymryd â phob math o waith.

Llongau awyrennau

Llongau awyrennau yw'r llongau rhyfel modern mwyaf trawiadol. Maen nhw'n enfawr gyda deciau hedfan i awyrennau godi a glanio. Mae'r llongau mor ddrud fel mai dim ond y pwerau mawr, fel yr Unol Daleithiau, sy'n gallu eu fforddio. Maen nhw wedi chwarae rhan bwysig mewn rhyfeloedd modern, o'r Ail Ryfel Byd i ryfel y Gwlff a rhyfel Iraq.

Awyren yn aros i godi o ddec hedfan John F. Kennedy, llong ryfel o UDA.

Y dec hedfan

Mae awyrennau bomio, awyrennau gwylio, awyrennau gwrth-long-danfor a hofrenyddion yn gallu codi o ddec hedfan llong awyrennau modern. Rhaid bod digon o le ar y dec i'r awyrennau hyn barcio a rhedfa hir i godi a glanio. Mae llongau rhyfel modern yn ymosod â thaflegrau. Maen nhw'n llawer cywirach na gynnau ac yn gallu cael eu tanio o bell ar longau neu awyrennau'r gelyn. Mae'n hawdd rheoli a monitro popeth o bell â'r offer uwch-dechnoleg yn y tŵr rheoli.

SYMUD DROS BYD

Gydol hanes mae pobl wedi symud dros y byd. Mae dynion a menywod wedi penderfynu gadael eu cartrefi a dechrau bywyd newydd mewn gwlad newydd. Mae digon o le i bobl a'u bagiau mewn llongau – llongau stêm o'r 19eg ganrif neu longau teithio modern. Felly maen nhw wedi chwarae rhan bwysig yn yr ymfudo hwn.

Y Llychlynwyr yn teithio
Yn ystod y 9fed a'r 10fed ganrif, teithiodd y Llychlynwyr yn bell o'u mamwlad yn Sgandinafia. Ymsefydlon nhw yn Ynys yr Iâ a Grønland ac yn 1001, cyrhaeddon nhw arfordir Newfoundland. Mae'n debyg mai nhw oedd yr Ewropeaid cyntaf i gyrraedd America.

Rhuthr aur California
Pan gafodd aur ei ddarganfod yn California yn 1848, rhuthrodd pobl yno i wneud eu ffortiwn. Roedd hi'n anodd teithio ar y tir dros Ogledd America. Felly teithiodd llawer i Califfornia ar longau cliper o gwmpas De America.

Mudo yn y 19eg ganrif
Gadawodd miliynau o bobl Ewrop yn y 19eg ganrif i chwilio am fywyd gwell yn yr Unol Daleithiau a Chanada.

Y Tadau Pererin
Aeth y Tadau Pererin ar fordeithiau hir a chaled mewn llongau bach tila. Ymsefydlon nhw ar hyd arfordir dwyreiniol Gogledd America yn y 17eg ganrif.

Llongau teithio moethus
Ar ddechrau'r 20fed ganrif, roedd pobl yn teithio mewn llongau enfawr. Roedd cabanau moethus i'r cyfoethog a llety mwy cyffredin i'r tlodion.

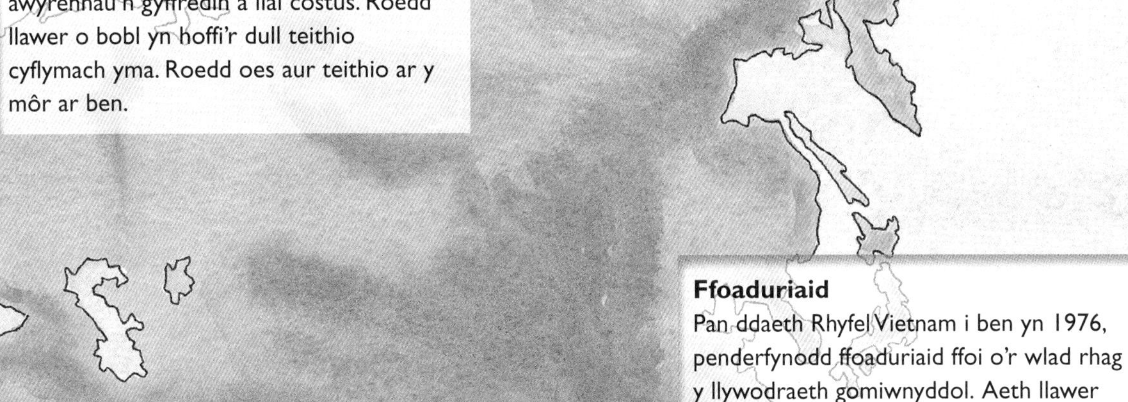

Teithio mewn awyrennau

Yn y 1950au a 1960au, daeth teithio mewn awyrennau'n gyffredin a llai costus. Roedd llawer o bobl yn hoffi'r dull teithio cyflymach yma. Roedd oes aur teithio ar y môr ar ben.

Ffoaduriaid

Pan ddaeth Rhyfel Vietnam i ben yn 1976, penderfynodd ffoaduriaid ffoi o'r wlad rhag y llywodraeth gomiwnyddol. Aeth llawer mewn cychod bach gorlawn a pheryglus.

Masnach caethweision

Daeth rhai masnachwyr o Ewrop yn gyfoethog drwy gludo caethweision o Affrica ar longau gorlawn i America. Bu farw llawer ohonynt gan fod y llongau mor afiach.

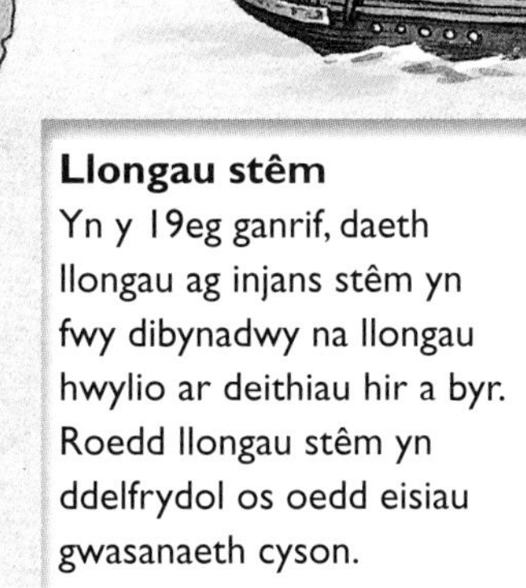

Llongau stêm

Yn y 19eg ganrif, daeth llongau ag injans stêm yn fwy dibynadwy na llongau hwylio ar deithiau hir a byr. Roedd llongau stêm yn ddelfrydol os oedd eisiau gwasanaeth cyson.

Ymfudo i Awstralia

Yn ystod y 1950au, cafodd llywodraeth Awstralia ymgyrch gyhoeddusrwydd fawr i annog llawer o bobl i ymsefydlu yno. Roedd llongau'n cynnig teithiau rhad i Awstralia.

Y *Mayflower*

Roedd y *Mayflower*, galiwn tua 180 tunnell, tua 35 metr o hyd yn unig. Ychydig iawn o le oedd ar ei bwrdd i'r teithwyr, y criw a'r cargo. Felly roedd hi'n daith anghyfforddus iawn. Yn ystod stormydd cyson Cefnfor Iwerydd, roedd rhaid i bawb wasgu i mewn o dan y dec.

Cyfaneddwyr cynnar

Ar wahanol adegau mewn hanes, o gyfnod y Llychlynwyr i'r 20fed ganrif, buodd pobl yn teithio i gartrefi newydd. Roedd gwahanol resymau am hynny – newyn neu chwilio am ffortiwn. Digwyddodd ymfudo enwog yn 1620, pan aeth grŵp o bobl o Loegr i ymgartrefu yng Ngogledd America. Roedd llawer eisiau gadael am na allen nhw ddilyn eu crefydd yn agored yn Lloegr. 'Pererinion' oedd eu henw arnyn nhw'u hunain.

Diolchgarwch
Dathlodd y Pererinion eu blwyddyn gyntaf yn America, a'u cynhaeaf cyntaf, drwy gael pryd arbennig o fwyd. Gwahoddon nhw aelodau o'r llwyth lleol, Wampanoag, i'r wledd.

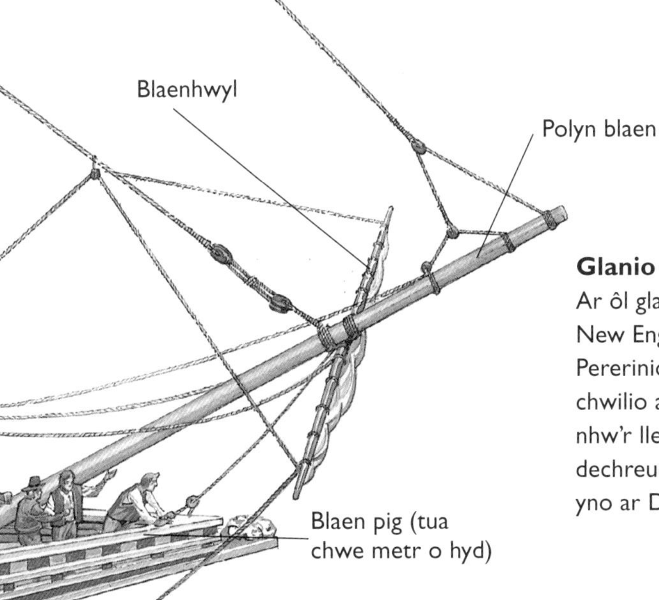

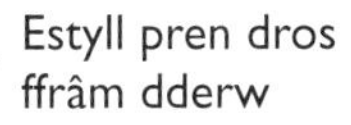

Glanio
Ar ôl glanio yn Cape Cod, New England, treuliodd y Pererinion rai wythnosau'n chwilio am le i fyw. Galwon nhw'r lle yn Plymouth, a dechreuon nhw adeiladu tai yno ar Ddydd Nadolig, 1620.

Tadau Pererinion
Roedd y *Mayflower*, llong y Pererinion, yn eithaf hen pan adawodd hi Plymouth, Lloegr. Ond roedd hi'n ddigon cadarn i hwylio drwy sawl corwynt yn ystod y daith 66 diwrnod ar draws Cefnfor Iwerydd. Roedd 102 o deithwyr a thros 40 o griw. Bu farw un teithiwr yn ystod y daith, ond ganwyd dau arall. Felly roedd un teithiwr ychwanegol erbyn iddyn nhw lanio.

Masnachu caethweision

Rhwng y 17eg a'r 19eg ganrif, cafodd miliynau o Affricaniaid eu cipio, eu cludo ar draws y môr a'u gwerthu fel caethweision. Roedd tri chyfandir yn rhan o'r fasnach gywilyddus hon. Roedd llongau'n gadael Ewrop â nwyddau i'w gwerthu ar arfordir Affrica. Roedd y capteiniaid yn cymryd cargo o Affricaniaid, yn hwylio i America ac yn eu gwerthu fel caethweision i berchnogion planhigfeydd a masnachwyr cyfoethog. Wedyn roedden nhw'n dychwelyd i Ewrop â chargo o siwgr neu gynnyrch arall. Roedd rhaid i gaethweision ddioddef amodau byw erchyll ar y llongau a ffarwelio â'u mamwlad am byth.

Dal caethweision
Roedd pobl a oedd wedi'u dal i fod yn gaethweision yn cael eu casglu at ei gilydd a'u martsio i'r arfordir. Yma roedden nhw'n cael eu cadw mewn corlannau o'r enw *barracoons* i ddisgwyl cael mynd ar long i America. Wrth fynd ar y llongau, roedd eu coesau mewn cyffion haearn a'u dwylo wedi'u clymu y tu ôl i'w cefnau.

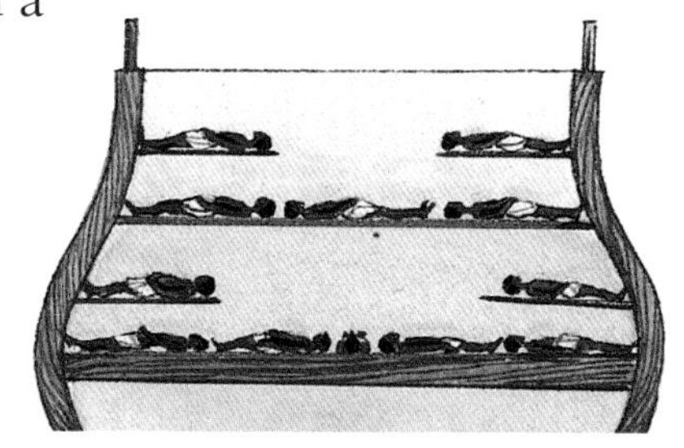

Llongau caethweision
Roedd llongau caethweision yn llongau bach rai cannoedd o dunelli. Llongau i gludo cargo oedden nhw'n wreiddiol. Roedd yr Affricaniaid a gafodd eu gorfodi i deithio ar y llongau hyn yn cael eu trin fel cargo. Bydden nhw'n cael eu gwasgu'n dynn ar ddeciau bychain y llongau.

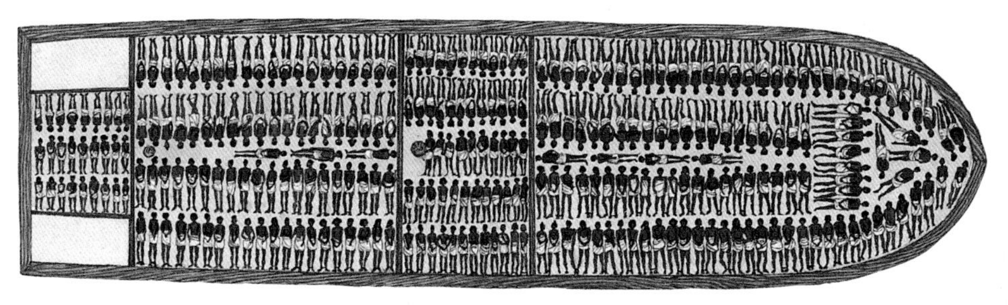

Y morwyr
Doedd dim llawer o ddewis gan forwyr ar long gaethweision. Roedd rhaid iddyn nhw fod yn greulon wrth y caethweision neu ddioddef cosb eu hunain. Roedd rhaid cadw rheolaeth a gwylio rhag i unrhyw un geisio dianc. Weithiau roedd caethweision yn ceisio neidio i'r môr, felly byddai capteiniaid yn hongian rhwydi ar hyd ochrau'r llongau.

Y fordaith

Doedd dim lle i symud ar long caethweision – roedd pobl yn cael eu gwasgu i bob cornel. Roedd hi'n frwnt iawn a'r bwyd yn wael. Roedd heintiau'n lledu'n gyflym a byddai tua 15 y cant o'r caethion yn marw yn ystod y daith. Roedd eraill yn cael eu clwyfo gan y cyffion haearn am eu coesau a'u gyddfau ac eraill yn cael niwed ar ôl gorfod gorwedd ar estyll y dec drwy'r daith. Roedd pawb yn ofnus am eu bod wedi gadael eu cartrefi heb syniad i ble roedden nhw'n mynd.

Bywyd fel caethwas

Roedd llawer o'r caethweision yn gweithio ar blanhigfeydd yn tyfu cotwm neu dybaco yn nhaleithiau deheuol America neu ar blanhigfeydd siwgr yn y Caribî. Doedd dim hawliau gyda nhw. Roedd y perchnogion yn meddwl mai eu heiddo nhw oedden nhw.

Amser bwyd

Roedd perchnogion y llongau'n rhoi cyn lleied â phosibl o fwyd i gaethweision ar y daith. Roedd y rhan fwyaf yn denau, gwan a sâl ar ben draw'r daith.

O hwyliau i stêm

Tan y 19eg ganrif, roedd hi'n araf ac anghyfforddus i deithio ar y môr. Felly doedd pobl ddim eisiau teithio dramor. Adeg y Chwyldro Diwydiannol, daeth ffatrïoedd wedi'u gyrru gan stêm i Brydain. Sylweddolodd pobl bod modd defnyddio injans stêm ar y môr. Felly doedd dim rhaid i longau ddibynnu ar y gwynt i yrru'r llongau. Roedd llongau hwyliau'n cynnig gwasanaeth cyson, dibynadwy i deithwyr. Bydden nhw hefyd yn cario cargo a phost tramor.

Adeiladwr llongau o fri
Buodd y peiriannydd Isambard Kingdom Brunel yn gweithio ar reilffyrdd a phontydd cyn adeiladu ei long stêm gyntaf, y *Great Western*, yn 1836-37. Roedd y rhodlong enfawr hon yn croesi Cefnfor Iwerydd. Wedyn daeth y *Great Britain* a'r *Great Eastern*, llong stêm enfawr 211 metr i gario 4,000 teithiwr.

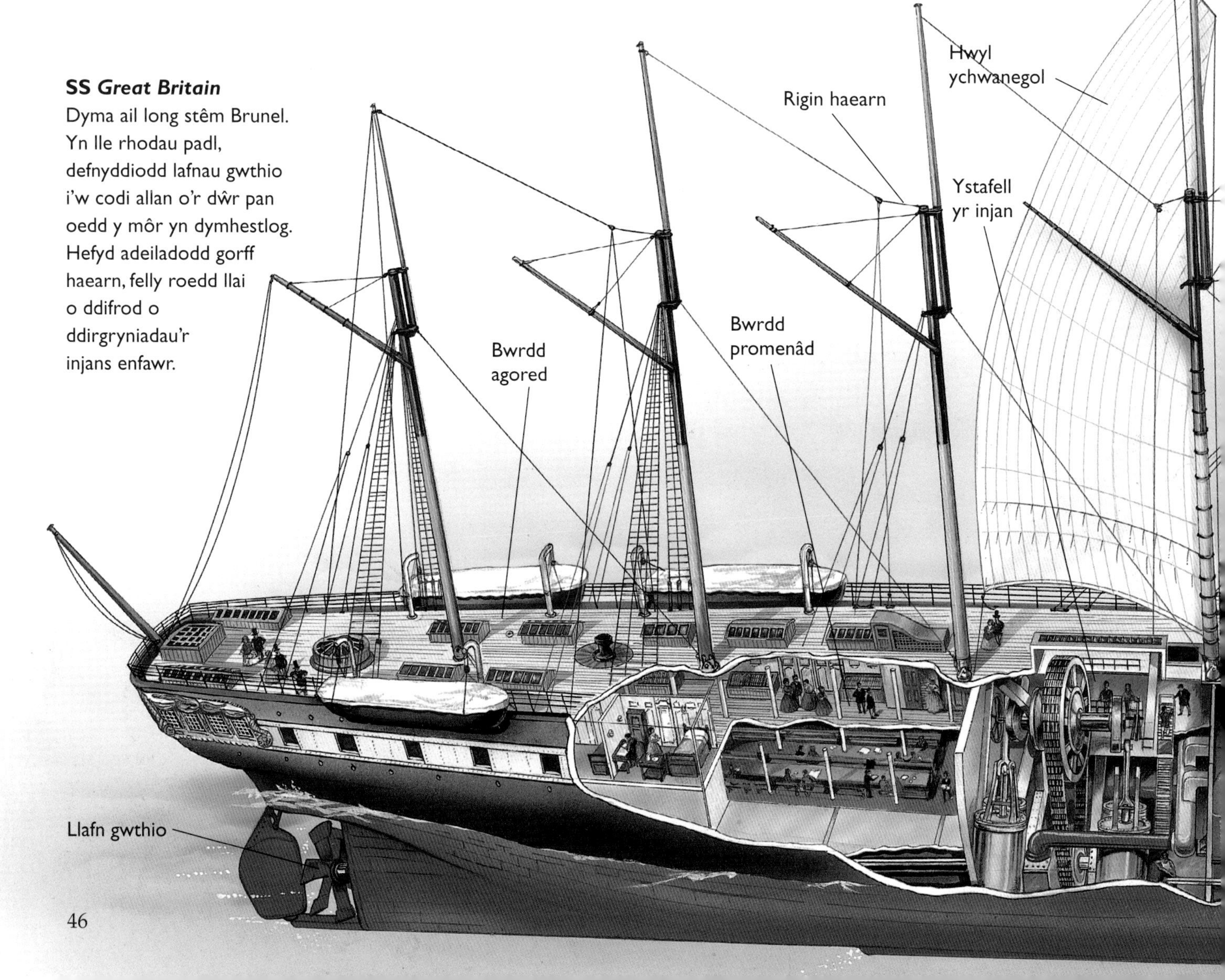

SS *Great Britain*
Dyma ail long stêm Brunel. Yn lle rhodau padl, defnyddiodd lafnau gwthio i'w codi allan o'r dŵr pan oedd y môr yn dymhestlog. Hefyd adeiladodd gorff haearn, felly roedd llai o ddifrod o ddirgryniadau'r injans enfawr.

Llongau stêm

Ymddangosodd y llongau stêm arbrofol cyntaf ar ddiwedd y 18fed ganrif. Yn ystod y 50 mlynedd nesaf, datblygodd amrywiaeth o longau stêm – o longau teithio mawr Brunel i longau cargo bychain i wneud teithiau byr. Roedd hwyliau gan lawer o'r llongau hyn – i arbed tanwydd pan oedd y gwynt yn ffafriol, a rhag ofn i'r injans dorri i lawr.

Tynnu rhaff

Roedd pobl yn dadlau pa un oedd fwyaf pwerus – rhod padl neu lafn gwthio. Yn 1845, dyma ddwy long debyg o Brydain – y rhodlong *Alecto* a *Rattler* oedd â llafn gwthio – yn cymryd rhan mewn gornest tynnu rhaff. *Rattler* enillodd yr ornest, gan dynnu'r *Alecto*'n ôl ar tua 5 cilometr yr awr.

Y *Sirus*

Y llong gyntaf i groesi Cefnfor Iwerydd o dan bŵer stêm oedd y *Sirus*, rhodlong fechan 700 tunnell. Dechreuodd *Great Western* Brunel groesi rai dyddiau ar ôl y *Sirus*, ond cyrhaeddodd Efrog Newydd ychydig oriau ar ei hôl. Roedd cyfartaledd cyflymdra'r *Great Western* yn uwch.

Ymfudo

Yn ystod y 19eg ganrif, gadawodd miliynau o bobl Ewrop, gan obeithio am well bywyd yn Ne Affrica, Patagonia, Canada neu'r Unol Daleithiau. Teithion nhw ar draws Cefnfor Iwerydd ar longau teithio enfawr. Roedd cwmnïau llongau mawr fel *Cunard* a'r *Red Star Line*, yn cystadlu am y busnes. Roedd y rhan fwyaf o'r teithwyr yn dlawd ac yn gorfod cael y llety rhataf. Ond roedden nhw'n fodlon dioddef dros dro oherwydd roedden nhw'n gobeithio y byddai pethau'n gwella ar ôl cyrraedd.

Bywyd ar fwrdd y llong
Roedd y rhan fwyaf o'r ymfudwyr heb fod ar y môr o'r blaen. Gallai'r daith fod yn brofiad ofnadwy gyda diffyg lle a salwch môr yn gyffredin. Weithiau, ar ôl cyrraedd y porthladd roedd rhaid iddyn nhw aros am ddyddiau cyn gallu dod i'r lan. Wedyn roedd rhaid mynd drwy'r swyddfa mewnfudo. Gallen nhw gael eu hanfon adref os nad oedd y papurau cywir gyda nhw neu os oedden nhw'n sâl.

Ar fwrdd y llong

Roedd y lle trydydd dosbarth *(steerage)* yn orlawn ac anghyfforddus hyd yn oed ar longau moethus fel *Caparthia*, llong *Cunard*. Roedd cannoedd o ymfudwyr wedi'u gwasgu i ystafelloedd cysgu tywyll, ac yn ceisio cysgu ar y gwelyau bync caled.

Cyfathrebu â radio

Roedd y dyfeisiwr Guglielmo Marconi o'r Eidal yn un o arloeswyr radio. Yn 1901 anfonodd y signalau radio cyntaf ar draws Cefnfor Iwerydd. Daeth mordeithiau hir yn saffach oherwydd bod modd cyfathrebu â radio.

Llongau'n gadael o Ewrop

Ar ddiwedd y 19eg ganrif, roedd llongau teithio'n mynd yn fwy ac yn gynt. Sylweddolodd perchnogion llongau o'r Almaen fod modd gwneud arian o'r miloedd o bobl oedd eisiau ymfudo. Cyn hir roedd llongau o wledydd eraill yng Ngogledd Ewrop yn cario niferoedd mawr o ymfudwyr. Yn ddiweddarach, dechreuodd mwy o bobl o dde Ewrop wneud y siwrne.

I Awstralia

Yn y 1950au a'r 1960au, buodd llywodraeth Awstralia yn annog ymfudwyr drwy dalu cost y daith yno. Aeth miloedd o Ewropeaid ac Asiaid i ymgartrefu yno.

Bywyd newydd

Wrth i'r ymfudwyr gyrraedd Efrog Newydd yn llawn gobaith, y Cerflun Rhyddid oedd un o'r pethau cyntaf y byddent yn ei weld. Roedd yn eu croesawu i 'wlad y bobl rydd'.

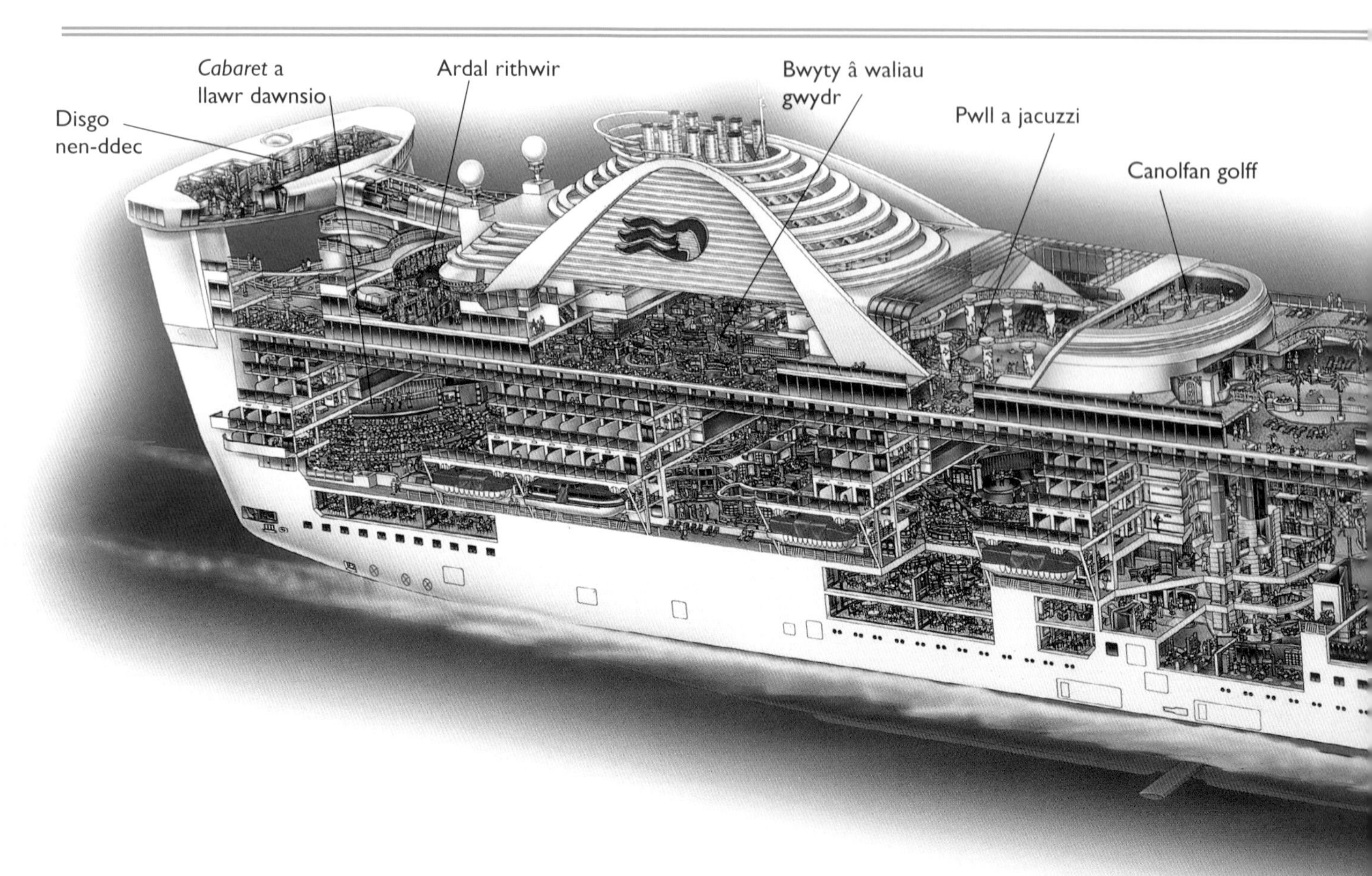

Mordeithiau moethus

Roedd teithwyr dosbarth cyntaf ar ddechrau'r 20fed ganrif yn teithio mewn steil, yn wahanol i deithwyr y trydydd dosbarth (*steerage*). Heddiw, mae llawer o bobl yn mwynhau mynd ar fordeithiau ar eu gwyliau. Maen nhw'n teithio o wlad i wlad, a mynd i'r lan i weld atyniadau. Mae llongau teithio heddiw tua 300 metr o hyd. Mae yno gabanau moethus, llawer o fannau i fwyta ac yfed ac amrywiaeth o adloniant – sinemâu, casinos, siopau a phyllau nofio. Wrth deithio'r Môr Canoldir neu groesi'r Iwerydd, mae teithwyr yn cael cyfleusterau gwesty pum seren.

Byw'n fras
Ar ddechrau'r 20fed ganrif roedd teithwyr yn byw'n fras. Roedd criw mawr yn gwneud yn siŵr eu bod yn cael popeth roedd ei angen arnynt.

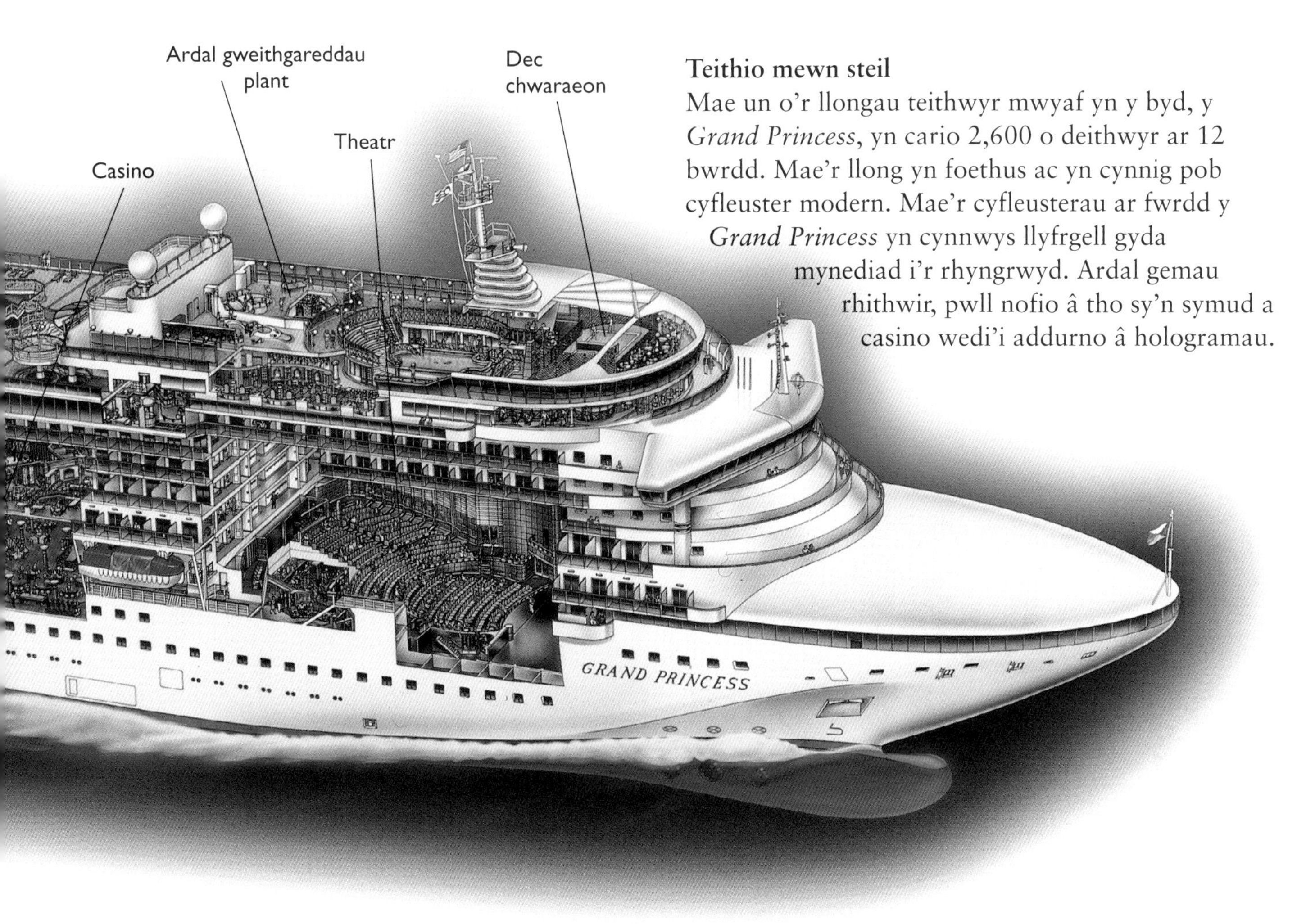

Teithio mewn steil

Mae un o'r llongau teithwyr mwyaf yn y byd, y *Grand Princess*, yn cario 2,600 o deithwyr ar 12 bwrdd. Mae'r llong yn foethus ac yn cynnig pob cyfleuster modern. Mae'r cyfleusterau ar fwrdd y *Grand Princess* yn cynnwys llyfrgell gyda mynediad i'r rhyngrwyd. Ardal gemau rhithwir, pwll nofio â tho sy'n symud a casino wedi'i addurno â hologramau.

Y Rhuban Glas

Buodd llongau'r 19eg a dechrau'r 20fed ganrif yn cystadlu am y Rhuban Glas, gwobr i'r llong gyflymaf ar draws yr Iwerydd. Enillodd y *Pacific* y wobr yn 1851, gyda chyflymdra o 24 cilometr yr awr. Ond llwyddodd y *Mauretania* i dorri a chadw'r record o 1907 i 1929 gyda chyflymdra o 50 cilometr yr awr.

Torri record

Y *Normandie* oedd un o longau teithwyr mwyaf llwyddiannus y 1930au. Roedd hi'n fawr, 298 metr o hyd ac yn cario 1,975 teithiwr a 1,345 o griw. Roedd corff y llong yn addas i deithio'n gyflym, hyd yn oed mewn tywydd garw. Enillodd y Rhuban Glas drwy groesi'r Iwerydd mewn llai na phedwar diwrnod.

DARGANFOD LLONGAU

Dros y canrifoedd, mae llongau wedi cael eu defnyddio i wneud pob math o waith. Mae adeiladu llongau a thechnoleg mordwyo wedi datblygu hefyd. Mae haneswyr ac archeolegwyr morol yn edrych ar ddogfennau hanesyddol, darluniau a chwedlau, a llongddrylliadau wrth gwrs, i ddysgu am longau a bywyd ar y môr yn y gorffennol.

Titanic
Roedden nhw'n dweud ei bod hi'n amhosibl ei suddo. Ond suddodd ar ôl taro mynydd iâ ar ei mordaith gyntaf. Mae deifwyr wedi dod o hyd i'r llong ac wedi codi rhai pethau ohoni.

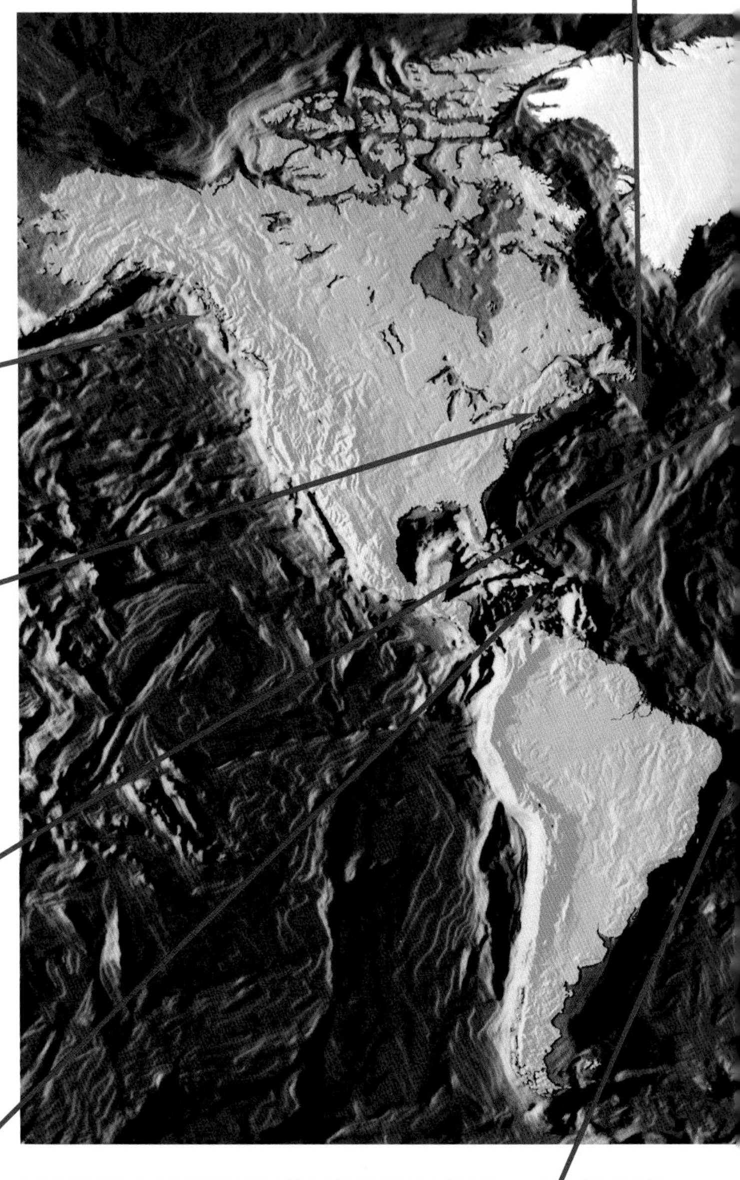

Exxon Valdez
Yn 1989, aeth y tancer olew *Exxon Valdez* ar greigiau ger Alaska. Arllwysodd 50 miliwn litr o olew ohoni a llygru miloedd o gilometrau o arfordir.

Constitution
Mae arbenigwyr mewn hanes llongau wedi ail-adeiladu rhai llongau hwylio, fel y ffrigad *Constitution* o UDA.

Armada Sbaen
Suddodd llawer o longau brenin Sbaen, Philip II ger arfordir Iwerddon ar ôl methu goresgyn Prydain yn 1588.

Santa Maria
Yn 1492, hwyliodd Christopher Columbus i America ar y *Santa Maria*, ond suddodd y llong ger arfordir ynys Hispaniola (Haiti heddiw).

Medusa
Mae darlun Géricault o Ffrainc yn dangos y rhai a oroesodd y llongddrylliad enwog hwn yn y 19eg ganrif.

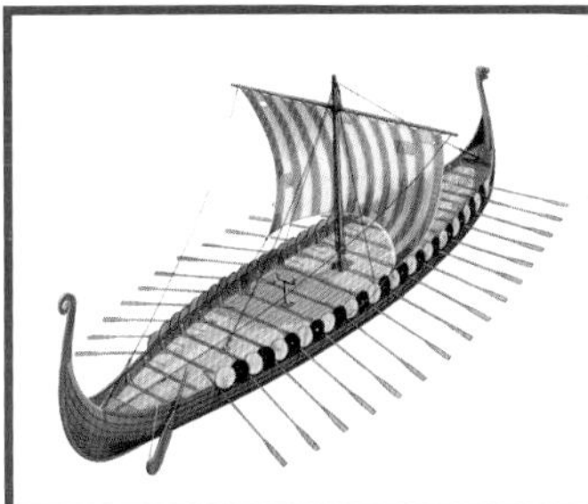

Y Llychlynwyr
Er bod y Llychlynwyr yn forwyr medrus, collon nhw sawl llong yn nyfroedd stormus gogledd Cefnfor Iwerydd. Weithiau daw olion eu cargo i'r golwg.

Vasa
Llwyddodd archaeolegwyr morol i godi llong ryfel Brenin Sweden yn yr 17eg ganrif o wely'r môr. Mae ei chorff pren hardd wedi'i gadw mewn amgueddfa.

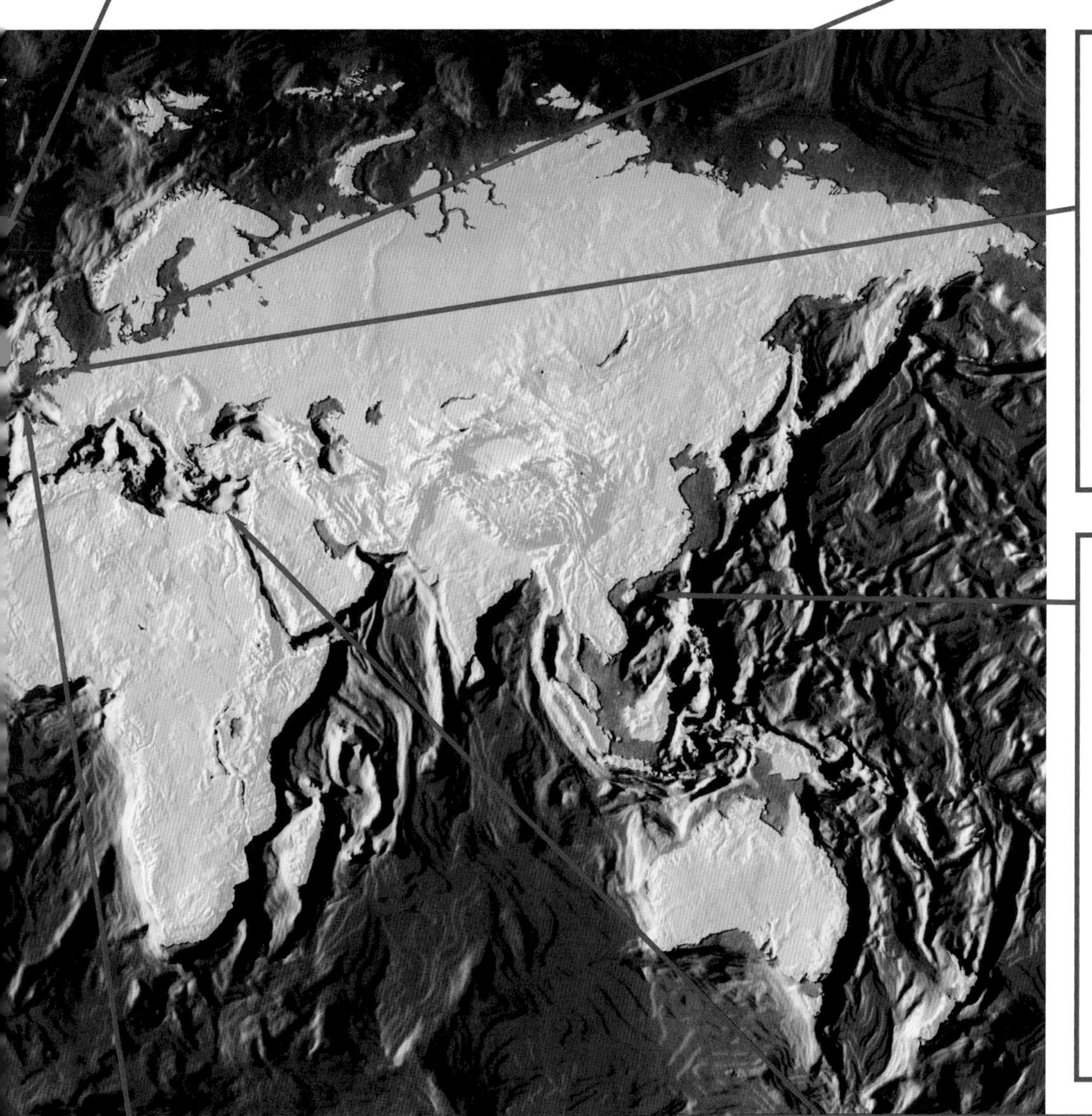

Mary Rose
Suddodd hoff long ryfel Harri VIII, *Mary Rose* yn 1545. Yn 1982, cododd archaeolegwyr morol y llong.

Jynciau China
Mae llawer o'r llongau mawr hyn yn llawn cargo cyfoethog wedi suddo ger arfordir China ym Moroedd Dwyrain a De China.

Bismarck
Yn ystod yr Ail Ryfel Byd, suddodd llongau ac awyrennau Prydain y llong ryfel hon o'r Almaen yn 1941, 2 flynedd ar ôl iddi gael ei lansio.

Orient
Ffrwydrodd llong y llyngesydd *Orient* o Ffrainc ym Mrwydr afon Nil yn 1798. Aeth darnau i bobman, ond mae deifwyr wedi dod o hyd i eitemau cyfan – e.e. llestri a gwydr.

Chwedlau a dirgelion

Lle brawychus a pheryglus yw'r môr. Mae creigiau cudd a thywydd garw'n gallu suddo llong, hyd yn oed os yw'r capten a'r criw yn fedrus. Mae morwyr dros y canrifoedd wedi adrodd storïau am greaduriaid chwedlonol a grymoedd dirgel i geisio esbonio grym y môr. Mae pob math o angenfilod dychrynllyd, duwiau'r gwynt a morforynion hardd ond twyllodrus yn cuddio yn nyfnder y môr.

Odysseus a'r sireniaid
Yn ôl chwedlau Groeg, cythreuliaid y môr oedd sireniaid. Hanner merched a hanner adar oedden nhw. Roedd eu cân hyfryd yn denu morwyr i'w marwolaeth ar y creigiau. Llwyddodd yr arwr Odysseus a'i griw i oroesi. Gwnaeth i'w griw lenwi eu clustiau â chwyr a'i glymu ef i'r hwylbren.

Flying Dutchman
Mae chwedlau Almaenig yn sôn am y *Flying Dutchman*. Dywedir i'r capten werthu ei enaid i'r Diafol er mwyn sicrhau mordaith ddiogel o gwmpas Penrhyn Gobaith Da. Ond gwnaeth capten y Dutchman gamsyniad mawr. Anghofiodd sôn mai un daith yn unig oedd angen ei gwneud a chafodd ei orfodi i hwylio'n ôl ac ymlaen am byth wedyn.

Mary Celeste
Hwyliodd llong gargo o America, *Mary Celeste*, o Efrog Newydd ym mis Tachwedd 1872 ar ei ffordd i Genoa, yr Eidal. Y mis canlynol daeth y llong i'r golwg. Doedd neb arni, roedd yr hwyliau'n addas i dywydd stormus ac roedd cwch y llong wedi mynd. Welodd neb mo'r capten a'r criw eto. Roedd hi'n edrych fel petaen nhw wedi gadael y llong ar frys. Daeth neb byth i wybod beth ddigwyddodd iddyn nhw.

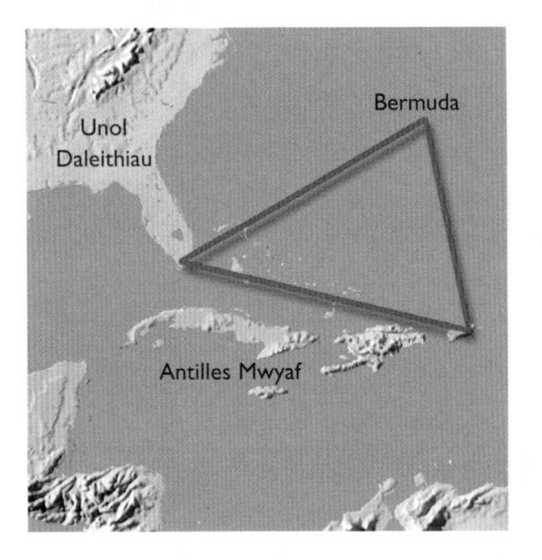

Triongl Bermuda
Mae dros 50 llong wedi diflannu yn y rhan yma o Gefnfor Iwerydd, rhwng Bermuda, Antilles Mwyaf ac arfordir deheuol yr Unol Daleithiau. Does dim syniad gan wyddonwyr beth sydd wedi digwydd.

Chwedlau morwyr

Mae llong yn gallu hwylio am ddyddiau heb weld llong arall yng nghanol cefnfor mawr. Os bydd hi'n cael damwain, does neb ar ôl i egluro beth ddigwyddodd. Felly mae morwyr wedi creu chwedlau am longau a chriwiau'n diflannu. Mae ofergoelion wedi tyfu o storïau am longau anlwcus. Mae rhai morwyr yn credu ei bod hi'n anlwcus i ddechrau mordaith ar ddydd Gwener (diwrnod croeshoelio Iesu). Mae eraill yn meddwl bod gwyrdd yn lliw anlwcus, neu y daw storm os bydd rhywun yn chwibanu pan fydd hi'n dywydd braf. Mae rhai pysgotwyr yn meddwl bod cael menywod ac offeiriaid ar fwrdd llong yn anlwcus!

Pen blaen llongau'r Llychlynwyr
Roedd pennau angenfilod chwedlonol wedi'u cerfio i bren blaen llongau rhyfel y Llychlynwyr – dreigiau ffyrnig, nadroedd cas a chreaduriaid tebyg i adar. Mae'n debyg eu bod nhw yno i ddychryn gelynion a chadw ysbrydion drwg draw.

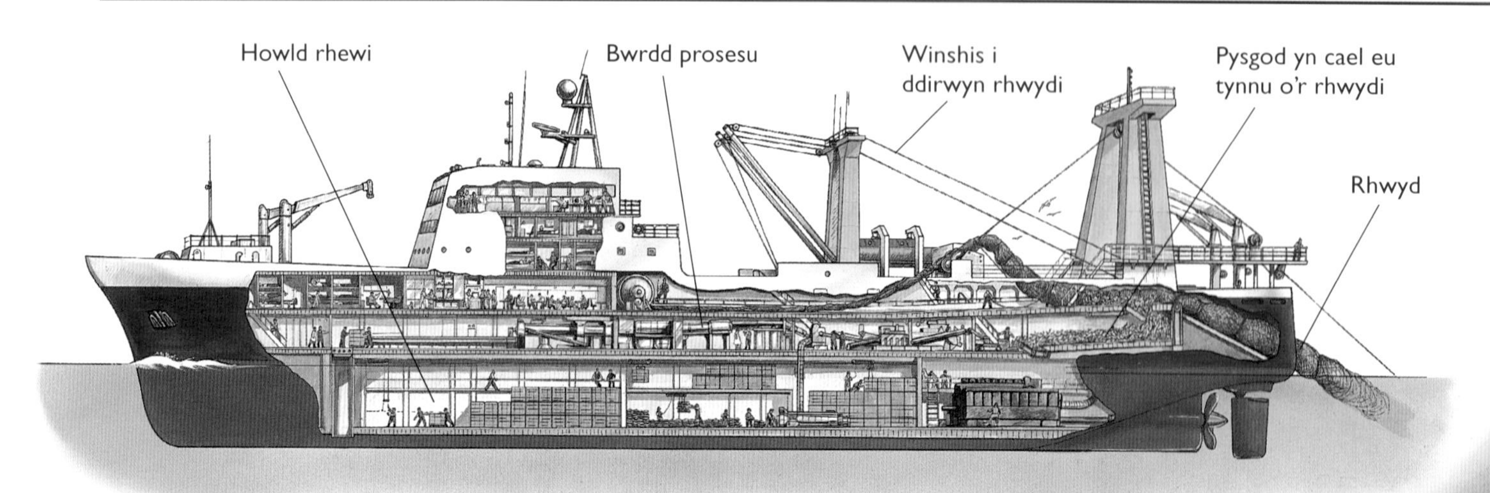

Llong ffatri
Gyda'r math yma o long, mae'n bosibl dal a phrosesu pysgod ar y môr. Wrth ddirwyn y rhwydi, mae'r pysgod yn cael eu tynnu a'u cludo i fwrdd prosesu, lle maen nhw'n cael eu glanhau a'u ffiledu. Wedyn maen nhw'n cael eu pacio mewn blychau, a'u rhewi yn y storfa rhewi yn yr howld.

Mathau eraill o gychod

Mae llong neu gwch i bron bob math o waith sydd angen ei wneud ar y môr. Tanceri olew, llongau hwylio, cychod rhwyfo a badau achub. Mae llawer ohonyn nhw'n edrych fel petaen nhw heb newid ers blynyddoedd. Ond mae'r dechnoleg ddiweddaraf arnyn nhw – cyfrifiaduron pwerus a systemau mordwyo lloeren.

Llongau fferi
Mae llongau fferi mawr yn hwylio'n ôl a blaen, gan gario teithwyr a cheir ar draws nifer o sianelau cul moroedd y byd. Mae deciau ceir ar longau fferi modern. Pan fydd wedi docio, bydd rhan o flaen y llong yn agor er mwyn i gerbydau yrru arni ac oddi arni.

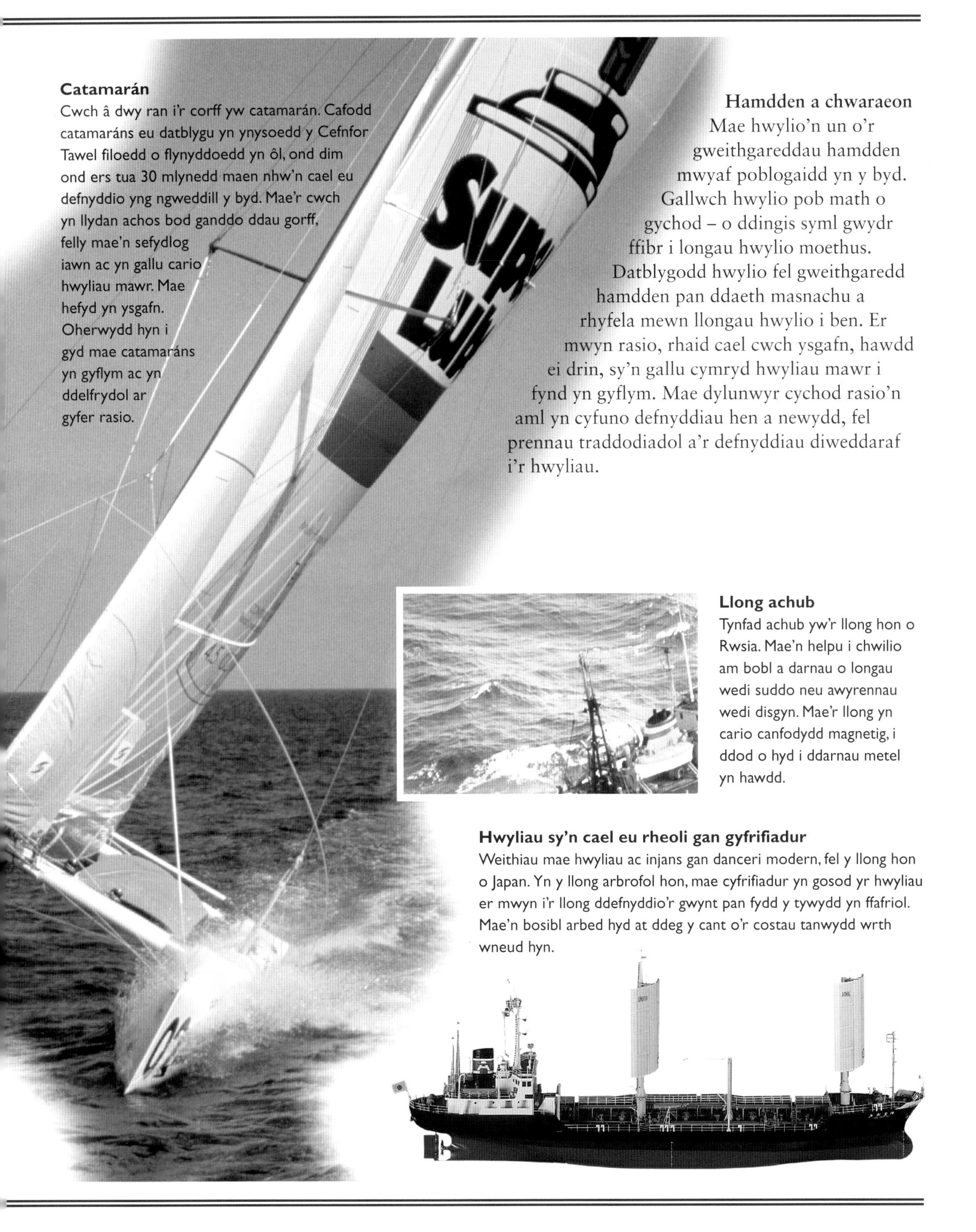

Catamarán

Cwch â dwy ran i'r corff yw catamarán. Cafodd catamaráns eu datblygu yn ynysoedd y Cefnfor Tawel filoedd o flynyddoedd yn ôl, ond dim ond ers tua 30 mlynedd maen nhw'n cael eu defnyddio yng ngweddill y byd. Mae'r cwch yn llydan achos bod ganddo ddau gorff, felly mae'n sefydlog iawn ac yn gallu cario hwyliau mawr. Mae hefyd yn ysgafn. Oherwydd hyn i gyd mae catamaráns yn gyflym ac yn ddelfrydol ar gyfer rasio.

Hamdden a chwaraeon

Mae hwylio'n un o'r gweithgareddau hamdden mwyaf poblogaidd yn y byd. Gallwch hwylio pob math o gychod – o ddingis syml gwydr ffibr i longau hwylio moethus. Datblygodd hwylio fel gweithgaredd hamdden pan ddaeth masnachu a rhyfela mewn llongau hwylio i ben. Er mwyn rasio, rhaid cael cwch ysgafn, hawdd ei drin, sy'n gallu cymryd hwyliau mawr i fynd yn gyflym. Mae dylunwyr cychod rasio'n aml yn cyfuno defnyddiau hen a newydd, fel prennau traddodiadol a'r defnyddiau diweddaraf i'r hwyliau.

Llong achub

Tynfad achub yw'r llong hon o Rwsia. Mae'n helpu i chwilio am bobl a darnau o longau wedi suddo neu awyrennau wedi disgyn. Mae'r llong yn cario canfodydd magnetig, i ddod o hyd i ddarnau metel yn hawdd.

Hwyliau sy'n cael eu rheoli gan gyfrifiadur

Weithiau mae hwyliau ac injans gan danceri modern, fel y llong hon o Japan. Yn y llong arbrofol hon, mae cyfrifiadur yn gosod yr hwyliau er mwyn i'r llong ddefnyddio'r gwynt pan fydd y tywydd yn ffafriol. Mae'n bosibl arbed hyd at ddeg y cant o'r costau tanwydd wrth wneud hyn.

Llongddrylliadau

Mae'r môr yn lle peryglus. Mae'r morwyr mwyaf profiadol yn parchu'r peryglon naturiol – creigiau, mynyddoedd iâ, cerrynt anodd a stormydd annisgwyl. Gall y rhain achosi llongddrylliad. Adeg rhyfel, mae gynnau'r gelyn hefyd yn berygl. Mae gwely'r môr yn llawn llongddrylliadau, galïau'r Rhufeiniaid, galiynau Sbaen a llongau teithio diweddar. Mae'r olion yn ddiddorol – gallwn ddysgu am longau cynnar ac am y trysorau sydd arnyn nhw.

Y *Constitution*
Mae rhai llongau hanesyddol i'w gweld o hyd. Adeiladwyd y *Constitution* o America yn y 1790au. Hi oedd un o'r llongau rhyfel cyflymaf ar y pryd. Ar ôl cymryd rhan yn Rhyfel 1812 rhwng Prydain a'r Unol Daleithiau, bu'r *Constitution* yn llong gargo a llong hyfforddi morwyr. Erbyn hyn, mae wedi cael ei hadfer i'w chyflwr gwreiddiol.

Llongddrylliad y *Titanic*
Tarodd y *Titanic* yn erbyn mynydd iâ yng Nghefnfor Iwerydd ar ei mordaith gyntaf yn 1912. Torrodd yr iâ dwll yng nghorff y llong a suddodd i wely'r môr. Collwyd 1,490 o fywydau.

Y *Vasa*
Suddodd y llong bren hon o Sweden ar ei mordaith gyntaf yn 1628. Ond daeth ei chorff pren i'r golwg yn 1956. Cafodd y corff a miloedd o arteffactau eu hachub a'u cadw mewn amgueddfa arbennig. Mae'r *Vasa*'n dysgu llawer i ni am fywyd ar long ryfel yn y 17eg ganrif.

Dod o hyd i'r llongddrylliad
Daeth arbenigwyr achub llongau o hyd i'r *Titanic* yn 1985. Roedd eu camerâu'n dangos i'r llong dorri'n ddwy ran, ond fel arall doedd dim llawer o ddifrod i'r corff. Aeth dynion i lawr mewn bad tanddwr a chamerâu i edrych ar y llong, a dod â rhai pethau i'r wyneb.

Y *Titanic*
Roedd y llong foethus wedi'i hadeiladu i gario 2,500 o deithwyr. Roedd y cyfleusterau'n cynnwys campfa, pwll nofio a baddonau Twrcaidd. Roedd arbenigwyr ar y pryd yn meddwl nad oedd hi'n bosibl iddi suddo.

Dysgu o longddrylliadau

Nid yw hen longau'n para fel arfer. Mae'r pren yn pydru neu mae darnau'n cael eu defnyddio eto. Felly, cawn lawer o wybodaeth am hen longau o luniau neu ddisgrifiadau cynnar. Mae archaeolegwyr wrth eu bodd pan ddaw llongddrylliad i'r golwg. Mae'n rhoi darlun cyflawn o fywyd ar fwrdd y llong. Mae estyll a gwrthrychau eraill yn gallu cael eu cadw rhag pydru o dan y dŵr. Gall archaeolegwyr gael gwybodaeth werthfawr am adeiladu llongau, gynnau, hwylbrennau, cargo a bywyd bob dydd morwyr.

Geirfa

angor Rhywbeth trwm sy'n cael ei ddefnyddio i angori llong.

arloesi Teithio a chwilio er mwyn darganfod tir neu bethau newydd.

Arloeswyr Enw'r rhai sy'n gwneud hyn.

bwrdd isaf Y dec isaf ar long. Weithiau, llwyfan yw'r bwrdd hwn sy'n cael ei gosod ar blanciau yn yr howld.

carac Llong hwylio fawr o'r Môr Canoldir. Roedd yn cael ei defnyddio i gario cargo, ymladd ac arloesi yn y 15fed ganrif.

carafel Llong hwylio ysgafn oedd yn cael ei defnyddio yn y Môr Canoldir yn y 15fed a'r 16eg ganrif.

carfel System o adeiladu llongau pren lle mae'r planciau'n cael eu gosod wrth ei gilydd heb orgyffwrdd.

castell Dec ymladd uchel ar bob pen i long ryfel ganoloesol. Mae'r term Saesneg *forecastle* (dec blaen) wedi rhoi'r Gymraeg 'ffocsl'.

coglong Llong fawr â hwyliau sgwâr o'r Oesoedd Canol. Roedd yn cael ei defnyddio i ryfela a chario cargo.

cronomedr Cloc cywir dros ben sy'n cadw amser ar y môr. Mae'n cael ei ddefnyddio i helpu mordwyo. John Harrison, gwneuthurwr clociau o Loegr, wnaeth y coronomedr cyntaf.

corsair Môr-leidr neu breifatîr, yn enwedig o ardal y Môr Canoldir neu Ffrainc.

cwch ymsuddol Cwch bychan sy'n gallu mynd yn ddwfn o dan y dŵr i edrych ar longddrylliadau.

cwmpawd Offeryn mordwyo sy'n defnyddio magnetedd i ddod o hyd i'r Gogledd. Roedd yn fwy dibynadwy na'r cwmpawd haul.

cyfaneddwyr Pobl sy'n ymfudo o wlad arall ac yn dechrau byw ar diroedd mewn gwlad newydd.

ffrigad Term gafodd ei ddefnyddio ar gyfnodau gwahanol am nifer o wahanol fathau o longau. Yn y 18fed a'r 19eg ganrif, llong hwylio ganolig ei maint â hwyliau sgwâr oedd ffrigad. Erbyn hyn ym Mhrydain, llong ryfel fechan yw ffrigad. Mae llynges yr Unol Daleithiau'n defnyddio'r term am long osgordd.

gali Llong hir a oedd yn boblogaidd gan lyngesau'r hen fyd. Roedd yn cael ei gyrru gan rwyfau a hwyliau. Cafodd ei datblygu gan y Phoeniciaid.

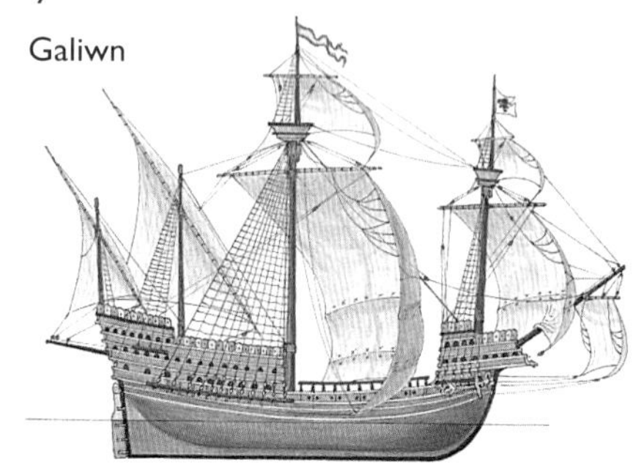
Galiwn

galiwn Llong hwylio fawr roedd y Sbaenwyr yn ei defnyddio yn y 1500au a'r 1600au, yn arbennig i ryfela.

gwylfa Dec bychan yn uchel ar y llong er mwyn gwylio.

howld Y rhan o'r llong sydd o dan y dec. Mae'n cael ei ddefnyddio i gario cargo.

Llong ryfel

catamarán Llong â dwy ran i'r corff, sy'n gwneud iddi fod yn fwy sefydlog.

cilbren Y darn pren sy'n rhedeg ar hyd gwaelod llong o'r blaen i'r tu ôl. Mae'n cynnal holl ffrâm corff y llong.

clincer System o adeiladu llongau pren lle mae'r planciau'n gorgyffwrdd.

cliper Llong gyflym iawn â hwyliau mawr. Roedd yn cael ei defnyddio i gario cargo dros bellteroedd maith yn ystod y 19eg ganrif.

dhow Llong â hwyliau latîn sy'n cael ei defnyddio'n helaeth yn y byd Arabaidd.

diddos Mae llong yn ddiddos os nad oes dŵr yn gollwng iddi.

dingi Cwch bychan, agored.

Dreadnought Dosbarth o longau rhyfel pwerus ar ddechrau'r 20fed ganrif. Roedden nhw wedi'u henwi ar ôl llong o Brydain.

eigioneg Astudiaeth wyddonol o'r moroedd.

hwyl-lath Darn sy'n mynd ar draws i gynnal hwyl.

hydred Y pellter, wedi'i fesur mewn graddau, i'r dwyrain neu'r gorllewin o linell sy'n rhedeg drwy Greenwich, Lloegr. Mae llinellau hydred yn rhedeg yn gylchoedd mawr o gwmpas y Byd, drwy'r pegynau hefyd.

injan dyrbin Injan sy'n cynnwys olwynion **â llafnau (ychydig fel olwyn ddŵr**) sy'n cael eu gyrru gan hylif.

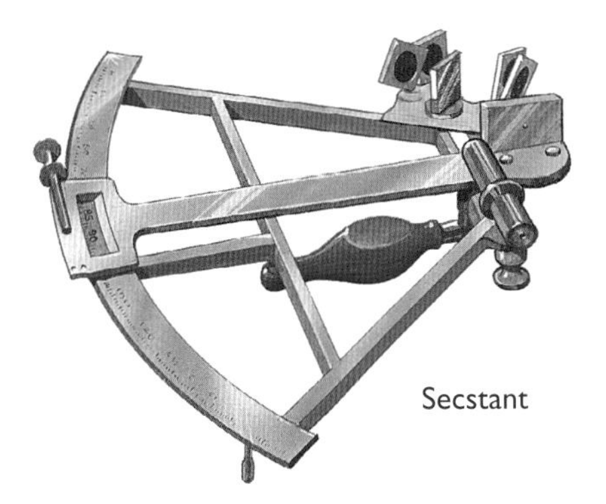

Secstant

Jolly Roger Unrhyw faner môr-ladron. Fel arfer roedd arni benglog ac esgyrn gwyn ar gefndir du.

jync Llong hwylio fawr bren o ddwyrain Asia. Mae ganddi hwyliau sgwâr ac estyll pren tenau yn eu cynnal.

latîn Y term sy'n cael ei ddefnyddio i ddisgrifio hwyl siâp triongl.

llafn gwthio Siafft, ar ffurf spiral, sy'n cael ei droi gan yr injan i yrru llong.

lledred Y pellter o'r cyhydedd. Mae llinellau lledred yn rhedeg o gwmpas y Byd, yn baralel â'r cyhydedd.

llong dân Llong oedd yn cael ei rhoi ar dân yn fwriadol, a'i gadael i ddrifftio rhwng llongau'r gelyn, yn y 16eg ganrif.

llong ddwyrwyf Hen long ryfel oedd yn cael ei gyrru gan ddwy res o rwyfau ar bob ochr i gorff y llong.

llong fasnach Llong sy'n cael ei defnyddio i gario cargo.

llong ffatri Llong bysgota sydd â chyfleusterau i lanhau, ffiledu a rhewi pysgod.

llong cynwysyddion Llong wedi'i chreu i gario cynwysyddion o faint safonol.

llong haearn Llong â chorff wedi'i amddiffyn gan blatiau haearn. Roedd yn cael ei gyrru gan injans stêm.

llong ryfel Yn draddodiadol, roedd llongau rhyfel yn fach ac yn gyflym. Ond mae llongau rhyfel modern yn amrywio o ran maint a gwaith.

llwg Clefyd ar y croen a chig y dannedd oherwydd diffyg fitamin C. Roedd morwyr yn aml yn dioddef o'r llwg achos nad oedden nhw'n bwyta digon o ffrwythau a llysiau.

llynges Nifer o longau'n teithio gyda'i gilydd, neu'r llongau sydd gan wlad ar gyfer amddiffyn neu ryfela.

llyw Darn colfachog ar gefn llong, i'w llywio.

man of war Llong ryfel fawr â hwyliau yn y 18fed a'r 19eg ganrif.

mordwyo Dod o hyd i'r ffordd ar y môr. Mae cwmpawd yn cael ei ddefnyddio er mwyn mordwyo.

not Uned cyflymdra ar y môr – un filltir forol yr awr. Mae un not yn cyfateb i 1,852 cilometr yr awr.

pared Wal sy'n mynd ar draws yn howld y llong. Fel arfer mae'n creu adran ddwrglos (lle na all dŵr lifo i mewn).

Rhodlong

peilot Morwr sydd â gwybodaeth fanwl am yr arfordir lleol. Mae'n helpu i gael llongau i'r porthladd yn ddiogel.

polyn blaen Darn cryf o bren sy'n sticio allan o flaen llong. Mae'n cael ei ddefnyddio i roi rigin yr hwyliau blaen yn sownd.

pont y llong Darn wedi'i godi lle mae capten y llong yn sefyll, yn llywio ac yn rhoi gorchmynion.

preifatîr (1) Person oedd â hawl gyfreithiol i ysbeilio llongau masnach y gelyn a chael rhan o'r ysbail. (2) Y llong roedd preifatîr yn ei defnyddio.

rigin Y system o raffau a ddefnyddir i gynnal a rheoli hwylbrennau a hwyliau llong.

Tancer

rhwyflong deires Gali â thair rhes o rwyfau. Roedd y Groegwyr a'r Rhufeiniaid yn ei defnyddio.

secstant Offeryn mordwyo sy'n cael ei ddefnyddio i fesur uchder yr haul, felly mae morwyr yn gallu gweithio allan beth yw lledred llong.

siart Map o'r môr, yn dangos yr arfordiroedd, cerrynt, ynysoedd a nodweddion eraill.

starn Rhan ôl llong.

tancer Llong fawr fel arfer, sy'n cynnwys tanciau i gario hylif fel olew.

taniad ar ei hyd Ymosodiad lle mae'r magnelau i gyd ar un ochr i long ryfel yn cael eu tanio ar unwaith.

torpido Arf sy'n ei yrru ei hunan. Mae wedi'i ddylunio i deithio o dan y dŵr a chario ergyd sy'n ffrwydro pan fydd yn taro'r targed.

Mynegai

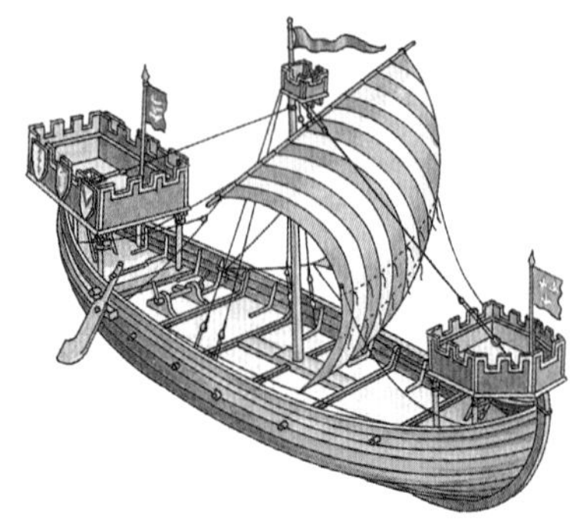

Cydnabyddiaeth

Dymuna'r cyhoeddwyr ddiolch i'r arlunwyr
canlynol am eu cyfraniad i'r llyfr hwn:

Susanna Addario 43*tdd*; **Marion Appleton** 44*c*; **Mark Bergin** 1*c*, 3*ch*, 36-37. 37*t*, 38-39; **Harry Bishop** 54*g*, 55*t*; **Peter Bull** 6-7; **Gino D'Achille** 21*t*, 21*cch*, 58-59; **Mike Davis** 35*tch*, 38*t*; **Peter Dennis** 14-15, 16-17, 17*tdd*; **Ed Dovey** 40-41; **Richard Draper** 16*g*; **Chris Forsey** 10*tch*, 10*cdd*; **Christian Hook** 17*gdd*; **Roy Huxley** 37*c*, 39*tdd*; **John James** 8-9, 13, 36*tch*, 42; **Kevin Maddison** 8*tdd*, 11, 24-25, 46-47, 56*t*; **Chris Molan** 20-21, 34-35, 45, 48-49; **Roger Payne** 54*tch*; **Peter Ross** 44*tdd*; Kevan Rush 3*t*, 22*t*; **Rodey Shakell** 45 *tch*; **Mike Taylor** 12*tch*; **Thomas Trojer** 28-29.

Diolch hefyd i'r canlynol am ddarparu
deunydd ffotograffig ar gyfer y llyfr hwn:

AKG Llundain/Archivio Cameraphoto Venezia; The Art Archive/British Museum/De Vries/Dennis Cochrane Collection; The Advertising Archive; The Bridgeman Art Library/Louvre, Paris, Ffrainc/Musee de la Tapisserie, Bayeux, Ffrainc/Bonhams Llundain/Y Llyfgell Brydeinig, Llundain/Metropolitan Library of Art, Efrog Newydd, UDA/National Maritime Museum/Private Collection/Roderick Lovesey/David Messums Gallery, Llundain; The Pilgrim Society, Plymouth, Massachusettes/Bacon; The Brigeman Art Library/Bonhams, Llundain: Corbis/Bettmann; Giraudon; Kos Picture Source Ltd/David Williams; Llynges Unol Daleithiau America; Mary Evans Picture Library/Explorers Archives;Michael Holford; National Maritime Museum Picture Library; Peter Newark's Pictures; Princess Cruises; Science & Society Picture Library/Science Museum/National Railway Museum; Virgil Pomfret/Roger Desoutter